广西钱币研究集萃

GUANGXI QIANBI YANJIU JICUI 2020

广西钱币学会◎编

研究集萃

2020

暨南大学出版社
JINAN UNIVERSITY PRESS

中国·广州

图书在版编目（CIP）数据

广西钱币研究集萃 . 2020/广西钱币学会编 . —广州：暨南大学出版社，2020. 8
ISBN 978 - 7 - 5668 - 2947 - 4

Ⅰ. ①广…　Ⅱ. ①广…　Ⅲ. ①古钱（考古）—中国—文集　Ⅳ. ①K875. 64

中国版本图书馆 CIP 数据核字（2020）第 152186 号

广西钱币研究集萃 2020
GUANGXI QIANBI YANJIU JICUI 2020
编　者：广西钱币学会

···

出 版 人：张晋升
责任编辑：曾小利
责任校对：张学颖　黄晓佳
责任印制：汤慧君　周一丹

出版发行：暨南大学出版社（510630）
电　　话：总编室（8620）85221601
　　　　　营销部（8620）85225284　85228291　85228292　85226712
传　　真：（8620）85221583（办公室）　　85223774（营销部）
网　　址：http：//www. jnupress. com
排　　版：广州良弓广告有限公司
印　　刷：深圳市新联美术印刷有限公司
开　　本：787mm×1092mm　1/16
印　　张：12. 75
字　　数：260 千
版　　次：2020 年 8 月第 1 版
印　　次：2020 年 8 月第 1 次
定　　价：98. 00 元

（暨大版图书如有印装质量问题，请与出版社总编室联系调换）

前　言

2019 年，广西钱币学会在上级主管单位的领导下，在广大会员和钱币爱好者的共同努力下，各项工作有序开展，在文化交流、会员服务、人才培养、科普宣传、课题研究等方面均取得了不俗的成绩。

为贯彻落实广西建设面向东盟的金融开放门户总体方案，推动中国与东盟各国货币文化研究与交流，广西钱币学会一是邀请越南考古、钱币专家来邕，与本地专家、收藏家就东南亚钱币进行研讨交流；二是面向全国开展以"中国—东盟货币文化与交流"为主题的有奖征文活动；三是促成中国钱币学会成立"东南亚货币研究中心"，秘书处设在广西钱币学会，搭建了中国与东南亚国家货币学术民间交流平台。

为全面提升学术研究水平，同时加强钱币研究人才培养，广西钱币学会一是组织召开"广西象州发现秦半两钱币研讨会"，邀请钱币和考古专家学者就广西发现秦半两钱的研究成果进行研讨；二是组织申报中国钱币学会学术课题并获立项，组织参加"中国钱币学会 2019 年学术年会"，7 篇论文入选年会交流；三是召开"学生研究项目"中期汇报会，加强对学生的指导，"学生研究项目"全年共结项 6 个，新立项 13 个，2 名学生论文入选"中国钱币学会 2019 年学术年会"交流；四是推动学术成果转化利用，全年在《中国钱币》发表论文 3 篇，结集出版论文 11 篇。

为弘扬中华优秀传统文化，普及钱币知识，广西钱币学会一是举办庆祝中华人民共和国成立 70 周年系列专题钱币展。"弘扬·传承——2019 钱币文化之旅南宁站活动""守护契约·见证辉煌——人民币的过去、现在与未来""美丽中国——人民币上的锦绣山河"等专题展，传播了钱币文化，扩大了社会影响力。二是与金融机构共建"货币文化科普基地"，在广西钱币博物馆"科普基地"举办"钱币交流与鉴赏活动"，参加广西壮族自治区社科联组织的"2019 年广西社会科学普及活动周"，科普宣传取得了良好的社会效果。

本书收录了广西钱币学会 2018—2019 年度学术课题结项论文、"中国—东盟货币文化与交流"主题征文部分获奖文章，以及学会年度工作要闻，旨在传播钱币文化，促进交流。由于时间仓促，编者水平有限，不足之处，敬请批评指正。

编　者
2020 年 7 月

目　录

南海诸岛及其附近海域历年发现的中国古代钱币

廖国一

（广西师范大学历史文化与旅游学院）

摘　要： 南海诸岛历年来发现了从汉代的五铢钱、唐代的开元通宝至宋、元、明、清时期的诸多种类的中国古代钱币。这些古钱币是中国人最早发现、开发、经营和管辖南海诸岛及其附近海域的历史见证，也是海上丝绸之路对外贸易的历史见证，具有重要的历史价值。

关键词： 南海诸岛；古钱币；海上丝绸之路；主权

一、历年的发现与研究

南海诸岛，为南海中中国许多岛礁的总称，包括广泛分布的 200 多个岛、礁和沙滩，分为南沙群岛、中沙群岛、东沙群岛及西沙群岛，范围广阔，自古以来就是中国的神圣领土，中国人民从远古以来一直在这些岛屿上居住、生产和繁衍，并且在其海面上航行、捕鱼，开拓了"海上丝绸之路"。由于海底地形环境和气候条件的复杂性、人类早期航海技术的局限性等，南海诸岛海域沉船众多。这些沉船往往装载有瓷器、钱币、铜器、铁器等诸多古代文物，成为不可多得的海洋文化遗产资源。中国的南海是连接中国大陆与外部世界的重要通道，广泛分布的水下文物遗存就是见证。[1] 20 世纪 70 年代以来，考古工作者在南海诸岛及其附近海域开展调查发掘、水下考古等工作，获得了大量的古钱币等文物资料，这些文物是中国人民自古以来在南海诸岛居住、劳动和开展"海上丝绸之路"进行对外贸易的重要历史证物。

在南海诸岛发现中国古代钱币的时间较早。在 1920 年，擅闯西沙群岛的日本渔民在珊瑚礁发现了中国西汉王莽的钱币和明代的永乐通宝，其中以永乐通宝为最新最多。[2] 大约于 20 世纪 20 年代，海南岛琼海县（今琼海市）潭门港的渔民也在西沙群岛

---

① 中国国家博物馆水下考古研究中心．西沙水下考古 1998—1999 ［M］．北京：科学出版社，2006：229．

② 许永杰，范伊然．中国南海诸岛考古述要 ［J］．江汉考古，2012 (1)：40 – 47．

的北礁发现过铜钱，这些铜钱大多是永乐通宝。①

1935 年，国民政府海军部在东沙群岛马蹄礁发现铜钱 89 枚，其中铸文可识者有汉代的五铢钱、唐代的开元通宝等；最多的是宋代钱币，包括北宋的景祐元宝、皇宋通宝和南宋的庆元通宝、嘉泰通宝、大宋元宝、绍定通宝、开庆通宝、咸淳元宝等；另有元代的至正通宝，明代的洪武通宝、永乐通宝，清代的雍正通宝、乾隆通宝、嘉庆通宝、光绪通宝等。在上述钱币中，以宋代铜钱为多，有可能是南宋官舶沉舟所遗留。

1947 年中山大学王光玮教授在西沙群岛石岛发现了唐代开元通宝、宋代皇宋通宝、明代洪武通宝和永乐通宝等钱币 16 枚。②

1971 年，海南岛琼海县潭门公社草塘大队文四生产队渔民在西沙群岛北礁捞起共 75 千克的古代铜钱和 3 块铜锭，这些铜钱主要是永乐通宝。③

1974 年 3 月至 5 月，广东省博物馆和海南行政区文化局对西沙群岛所属的珊瑚岛、甘泉岛、永兴岛等十多个岛屿进行了调查，并且在甘泉岛和金银岛两地做了考古发掘，获得一大批古钱币等文物。其中在晋卿岛和广金岛上分别出土了北宋铜钱圣宋元宝（见图 1）和明代铜钱洪武通宝各一枚（见图 2）；在北盘礁发现了一艘明代的沉船，从中打捞出从汉代到明代的铜钱 403.2 千克，还有铜锭、铜镜、铜剑鞘、铅块等。这些铜钱一般是沉在礁盘上，只有少量露出水面，散落的范围约几十米。铜钱有些成堆，有些是零散的。有的铜钱表面长着一层坚硬的珊瑚礁石，厚的地方用铁棍都难撬开。成堆的铜钱边缘部分和珊瑚石粘在一起，在珊瑚石上还印有竹篾编织物的痕迹，说明铜钱原来可能是用竹制的器物装载的。铜锭顺序相叠，大小不等，位于大堆铜钱的附近。有一块铜锭还和铜钱、珊瑚石粘在一起，这些显然是一条沉船的遗物。④ 在这 403.2 千克铜钱中，能够看清楚文字的单个铜钱有 297.5 千克（80 706 枚）；另外有 19.3 千克是单个铜钱的碎片，48 千克是三五个或者十几个铜钱胶结在一起的小块，38.4 千克的铜钱文字模糊无法辨认。在能够看清文字的单个铜钱中，有 149 千克（49 684枚）是明代的永乐通宝，其他 148.5 千克（31 022 枚）包含的品种较多，有西汉王莽、东汉、西魏、唐、前蜀、南唐、后周、北宋、南宋、辽、金、元、元末农民起义军钱币和明代洪武通宝、永乐通宝、阴阳神灵等历代钱币 78 种（见文后附录表1）。从钱币不同的币值、书体、背面文字花纹来分类，则有 300 种以上。这批铜钱以年代最晚的全新的永乐通宝为主，另有一些来自长江流域的元末明初铜钱，因此这艘船可能是从江苏一带出海的。该沉船装载大量铜钱，并且又以全新的"永乐通宝"钱为

---

① 广东省博物馆. 广东省西沙群岛文物调查简报［J］. 文物，1974（10）：1 – 29.
② 许永杰，范伊然. 中国南海诸岛考古述要［J］. 江汉考古，2012（1）：40 – 47.
③ 广东省博物馆. 广东省西沙群岛文物调查简报［J］. 文物，1974（10）：1 – 29.
④ 广东省博物馆. 广东省西沙群岛文物调查简报［J］. 文物，1974（10）：1 – 29.

主，可能是郑和下西洋船队中的一艘。① 这是在明朝永乐年间通过海上丝绸之路向外运送瓷器、钱币等物品途经西沙群岛海域的时候沉没的一艘木质大船，出水文物丰富，研究价值很高。

图1　1974年西沙群岛晋卿岛出土的圣宋元宝　　　图2　1974年西沙群岛广金岛出土的洪武通宝

　　1992年中国考古学家王恒杰对南沙群岛进行了第一次考古调查，在福禄寺礁发现了宋代元祐通宝和元代大德元宝各1枚，锈蚀较严重；在郑和群礁和太平岛礁滩上，发现汉代五铢钱1枚、宋代熙宁重宝1枚和清代嘉庆通宝、道光通宝、咸丰通宝等钱币多枚。1995年，王恒杰第二次对南沙群岛进行考古调查时，在南薰礁采集到唐代开元通宝2枚（见图3），并且在南薰礁和鸿庥岛之间的一片无名沙洲上采集到宋元时期的青白瓷等②。王恒杰是中国第一位对南沙群岛及其附近海域进行考古调查的考古学家，他发现的钱币、陶瓷等文物具有非常重要的价值。

图3　1995年在南沙群岛南薰礁采集到的2枚开元通宝

---

① 广东省博物馆. 西沙文物：中国南海诸岛之一西沙群岛文物调查［M］. 北京：文物出版社，1975：14－17.
② 王恒杰. 南沙群岛考古调查［J］. 考古，1997（9）：64－70.

1996 年 7 月，琼海市潭门港 00316 号渔船在西沙群岛北礁作业时，打捞出 50 000 多枚钱币和 7 块铜锭。铸文可识的钱币有西汉王莽大泉五十，东汉五铢，唐代开元通宝，北宋太平通宝，南宋建炎通宝，金代正隆元宝、大定通宝，元代至大通宝、至正通宝，明代洪武通宝、永乐通宝等，其中绝大多数为明代钱币，计 36 000 余枚。[①]

2007 年和 2010 年，中国国家博物馆水下考古研究中心、海南省文物局对西沙群岛北礁 19 号水下遗存（华光礁一号沉船遗址）进行了两次考古调查，采集出水的铜钱 1 030 枚，其中可辨识文字的铜钱共计 615 枚，有开元通宝、宋元通宝、淳化元宝、至道元宝、景德元宝、祥符通宝、天禧通宝、天圣元宝、明道元宝、皇宋通宝、嘉祐通宝、治平通宝、熙宁元宝、元丰通宝、元祐通宝、绍圣元宝、政和通宝、圣宋元宝、宣和通宝、淳熙元宝、景定元宝、至大通宝、大中通宝、洪武通宝、永乐通宝等，另有不能辨清文字的铜钱 415 枚，共计 25 种，包括唐、宋、元、明等朝代的钱币。在可辨识文字的铜钱中，最早的为唐初的开元通宝，最晚为明初永乐通宝。其中，永乐通宝 215 枚，超过总数的 35%，加上洪武通宝 205 枚，明代铜钱占近 70%，另有铜钱和珊瑚石胶结体数块（见图 4 至图 9）。明代永乐年间，中央王朝着力发展朝贡贸易，郑和下西洋盛况空前，所用赏赐之物浩繁，每次出洋均携带大量铜钱，特别是永乐通宝和洪武通宝。当时中国的铜钱在南洋、西洋许多国家和地区流通，颇受欢迎。西沙群岛北礁 19 号水下遗存铜钱数量众多，并且以明代永乐通宝为最，可能与郑和下西洋有密切关系。[②]

图 4　西沙群岛北礁 19 号水下遗存珊瑚与铜钱胶结体

---

① 许永杰，范伊然．中国南海诸岛考古述要［J］．江汉考古，2012（1）：40–47.

② 冯雷，鄂杰，李滨．西沙群岛北礁 19 号水下遗存的考古调查［J］．中国国家博物馆馆刊，2011（11）：47–53.

图 5 西沙群岛北礁 19 号水下遗存发现的唐代开元通宝

图 6 西沙群岛北礁 19 号水下遗存发现的北宋政和通宝

图 7 西沙群岛北礁 19 号水下遗存发现的南宋绍圣元宝

图 8 西沙群岛北礁 19 号水下遗存发现的明代洪武通宝

图 9　西沙群岛北礁 19 号水下遗存发现的明代永乐通宝

　　总的来说，20 世纪 20 年代，特别是 70 年代以来，考古工作者及相关人员对西沙、南沙群岛及其附近海域进行了多次考古调查发掘和海底沉船的水下考古、打捞等工作，发现了汉唐以来的大量钱币、陶瓷、铁器等文物，其中出土出水钱币数量较多。发掘者和研究者对这些出土出水的陶瓷、沉船、铁器、钱币等进行了综合的研究。

二、对南海诸岛及其附近海域发现中国古代钱币的几点认识

　　（1）在南海诸岛及其附近海域发现的大批中国古代钱币，有助于加深世人对中国人最早开发和利用南海诸岛的认识，维护我国在南海的合法权益。南海诸岛历年发现了大量的中国汉、唐、宋、元、明、清的古代钱币等文物，而没有发现其他国家的古代钱币等文物，充分说明是中国人最早发现、开发、经营和管辖了南海诸岛及其附近海域。1991 年王恒杰在西沙群岛的永兴、石岛、中建、探航、广金、金银、甘泉、珊瑚等岛的岛面、海滩及附近礁盘进行了调查，发现了新石器时代的有肩石器、陶瓮棺、陶网坠，战国时期的水波纹陶片，秦汉时期的"米"字戳印纹陶片、方格纹陶片，以及魏晋时期的青瓷残片，隋唐时期的陶罐残片（附有耳系），宋代莲花瓣青瓷碗残片，明清两代的青花瓷器及广东、福建民窑瓷器残片等一批文物。其中有肩石器为海南及华南原始文化遗址常见；水波纹硬陶和压印纹硬陶都明显地同海南及华南沿海的出土文物一致，是海南及华南地区的先民到西沙及南海活动时遗留下来的。"米"字压印纹硬陶也是来自大陆的文物。这些陶器在海南及华南大陆出现与使用的年代，一般是从春秋至西汉初年，也就是说，从公元前 7 世纪到公元 2 世纪，我们的先民持续在南海活动，并留下了他们在那里生产和生活的重要证物。自汉代以来，我国海南及华南地区的居民在南海生产、生活的遗物，充分说明了我国古代人民开发南海诸岛及其海域

的悠久的历史。① 南海诸岛及其周围的大片海域自古以来就是中国的国土和领海，我们的祖先早在 2 000 多年前就来到这里捕捞和开发，不仅史书上早有记载，历年来对南海诸岛的调查及发现的钱币等文物也有力地证明了这一事实。

（2）在南海诸岛及其海域发现的这些古钱币，有助于了解探究中国古代钱币是如何通过海上丝绸之路传播到东南亚、南亚等地的，加深人们对南海诸岛作为海上丝绸之路重要支点的认识。在南海诸岛发现的大量的汉、唐、宋、元、明、清的古代钱币等文物，也是海上丝绸之路对外贸易的历史见证，具有重要的历史价值。跨越南海的海上丝绸之路既是文化交流之路，又是商贸之路，圆形方孔钱币是当时海上贸易的主要媒介物，对中国乃至世界经济文化交流产生了非常重要的影响。在古代，中国主导着海上丝绸之路的对外贸易，因此在南海诸岛及其海域只有中国古代钱币的发现，而没有发现其他国家和地区的古代钱币。

（3）南海诸岛发现的历代钱币具有时间跨度和空间分布较大的特点。这些古钱币的发现地点并不局限在一两个岛礁或一两处地点，几乎遍布南海海域，且其分布具有时空的连续性与广泛性。尽管南海诸岛的很多岛屿由于目前还被外国非法占据，无法通过考古调查研究古钱币在这些岛礁的分布情况，但是迄今为止的考古发现显示我国先民在南海的活动不是一个点、一条线而是一个面，表明我国对南海区域的开发是久远的、广阔的、持续的，并且经营至今。在南海诸岛及其附近海域发现的中国古代钱币，也填补了中国古代钱币在中国海洋空间分布上的空白。

（4）南海诸岛及其附近海域的钱币等文物资源，具有非常重要的考古价值，需要进一步加强保护、研究和管理。南海诸岛及其附近海域广泛散落着大批的古沉船、古钱币等文物遗存，品类十分丰富。如在 1989—2007 年、2009—2011 年，考古工作者在广东省阳江海域发现的宋代南海 1 号沉船中，就发掘出 8 000 多枚铜钱，其中钱文清晰可辨的有 4 300 余枚，包括西汉五铢、王莽的货泉、东汉五铢、隋唐五铢和开元通宝、五代十国的周元通宝和唐国通宝。绝大部分是北宋的年号钱，年代距今最近的是南宋的绍兴通宝。② 1998 年，在印度尼西亚勿里洞海域，由一家德国的打捞公司打捞出黑石号沉船。从该船中打捞出水的中国陶瓷器有 60 000 多件，其中长沙窑瓷器 50 000 多件，还有诸多唐代开元通宝等钱币。③ 2007 年，在印度尼西亚爪哇海域打捞出 10 世纪的加拉璜沉船，发现了大量的中国古代陶瓷器和五代十国时期的开元通宝铅钱（背有"闽""福"字样，为闽国铸币）、乾亨重宝铅钱（南汉）。④ 目前中国对南海诸岛及其

① 王恒杰. 西沙群岛的考古调查［J］. 考古，1992（9）：769－777.
② 国家文物局水下文化遗产保护中心. 水下考古学研究：第二卷［M］. 北京：科学出版社，2016：55－57.
③ 国家文物局水下文化遗产保护中心. 水下考古学研究：第二卷［M］. 北京：科学出版社，2016：14.
④ 国家文物局水下文化遗产保护中心. 水下考古学研究：第二卷［M］. 北京：科学出版社，2016：84.

附近海域古代钱币等文物的调查与研究严重不足，缺乏相关的先进的水下考古技术，有必要对南海诸岛及其海域发现的中国古钱币进行专项系统的实地调查、收集资料和研究分析，以促进对南海钱币等文物资源的保护、研究和管理。

三、结语

历年来在南海诸岛及其海域发现的中国古代钱币等文物，不仅为南海诸岛和有关海域是我国固有的领土这一事实提供了新的实证，使我国对这一区域享有主权的事实更加无可辩驳，而且也为研究海上丝绸之路提供了新的重要的实物依据。

附　录①

表 1　西沙群岛北礁发现中国古代铜钱统计表

时代	名称	数量（枚）	时代	名称	数量（枚）
新莽	大泉五十	1	后周	周元通宝	7
	货泉	1	宋太祖	宋元通宝	68
东汉	五铢	3	宋太宗	太平通宝	141
西魏	五铢	1		淳化元宝	184
唐初	开元通宝	1 395		至道元宝	353
唐肃宗	乾元重宝	74	宋真宗	咸平元宝	386
唐武宗	开元通宝②	59		景德元宝	462
前蜀	光天元宝	1		祥符元宝、祥符通宝	1 010
	乾德元宝	3			
	咸康元宝	1		天禧通宝	509
南唐	唐国通宝	20	宋仁宗	天圣元宝	1 837
	开元通宝	7		明道元宝	119

---

①　表 1、表 2 内容来自：广东省博物馆．西沙文物：中国南海诸岛 1：西沙群岛文物调查［M］．北京：文物出版社，1975：29 - 31.

②　唐朝在刚建立的时候（唐高祖武德年间）铸行了开元通宝，此时的开元通宝正面为"开元通宝"四个字，背面没有文字；到了唐朝会昌年间再次铸行开元通宝，正面是"开元通宝"四个字，背面有一些州的地名。前后两种钱币，钱币史上都叫开元通宝，后一种因为有地名，有时也叫"会昌开元"，以示区别。

（续上表）

时代	名称	数量（枚）	时代	名称	数量（枚）
宋仁宗	景祐元宝	285	宋宁宗	嘉泰通宝	82
	皇宋通宝	2 637		开禧通宝	63
	庆历重宝	17		嘉定通宝	216
	至和元宝、至和通宝	288	宋理宗	大宋元宝	22
	嘉祐元宝	769		绍定通宝	96
宋英宗	治平元宝、治平通宝	597		端平元宝	1
宋神宗	熙宁元宝、熙宁重宝	2 908		嘉熙通宝	129
	元丰通宝	4 041		淳祐元宝	97
宋哲宗	元祐通宝	2 452		皇宋元宝	208
	绍圣元宝	1 662		开庆通宝	17
	元符通宝	396		景定元宝	113
宋徽宗	圣宋元宝	1 006	宋度宗	咸淳元宝	324
	崇宁通宝、崇宁重宝	34	辽	大安元宝	1
	大观通宝	311	金	正隆元宝	52
	政和通宝	694		大定通宝	39
	宣和通宝	572	元	至元通宝（蒙文）	1
宋钦宗	靖康元宝	1		至大通宝	50
宋高宗	建炎通宝	199		至正通宝	57
	绍兴元宝、绍兴通宝	313	元末（韩林儿）	龙凤通宝	1
宋孝宗	隆兴元宝	13	元末（徐寿辉）	天启通宝	2
	乾道元宝	53		天定通宝	1
	淳熙元宝	442	元末（陈友谅）	大义通宝	3
宋光宗	绍熙元宝	96	元末（朱元璋）	大中通宝	47
宋宁宗	庆元通宝	120	明太祖	洪武通宝	2 851
			明成祖	永乐通宝	49 684
				阴阳神灵	1
			总计		80 706

表2　西沙群岛北礁发现大中通宝和洪武通宝分类表

（单位：枚）

名称	币值	背面文字符号										
		浙	福	洛	豫	桂	北平	星月符号	一钱	二钱	三钱	光背
大中通宝	小平	3					1					9
大中通宝	折二	7		1	1			1				22
大中通宝	折三											2
洪武通宝	小平	67	39			3	11	17	10			629
洪武通宝	折二	4	1		1					2 065		
洪武通宝	折三										4	
合计		81	40	1	2	3	12	18	10	2 065	4	662

安南银元与近代广西边境贸易市场

周建明

（广西师范大学历史文化与旅游学院）

摘　要：19 世纪后期，法国东方汇理银行发行的安南银元在中越边境地区广泛流通，在广西边境地区有着重要的影响，不仅成为官方进行贸易的结算货币，也是民间交易的媒介。使用安南银元为结算货币，客观上简化了结算方式，推动了边境贸易市场的形成。但安南银元的流通冲击了当地的金融秩序，为法国殖民者掠夺我国的物资、加强控制提供了有利的条件。

关键词：安南银元；广西；贸易市场

货币是"一种能够便利交换的润滑剂，当人们信任并接受货币作为物品和债务的支付手段时，交换才能顺利进行"①。货币的发行和流通是一个国家或地区对外经济交往的重要媒介，也是特定历史时期市场贸易经济圈的重要标志。安南银元作为近代在我国西南边疆广为流行的货币，在中越边境地区有着广泛的影响，不仅是两国政府间进行贸易的结算货币，也是民间交易的重要媒介。双方以安南银元为结算货币，客观上简化了结算方式，推动了广西边境贸易市场的形成。

一、法国东方汇理银行发行安南银元

安南银元是法国东方汇理银行在越南等地发行的货币，也称为安南洋②、西贡银币③等。"此币铸于印度支那半岛之安南，亦称印度支那银元，复因安南为法国属地，故俗称之为法光。"④ 由于银元正面所铸的图像为自由女神坐像，头上有七道光束，因

---

① 萨缪尔森，诺德豪斯. 经济学［M］. 17 版. 萧琛，主译. 北京：人民邮电出版社，2004：26.
② 张家骧. 中华币制史［M］. 北京：民国大学印刷所，1925：15.
③ 耿爱德. 中国货币论［M］. 蔡受北，译. 太原：山西人民出版社，2015：142.
④ 广西统计局. 广西年鉴·第一回［M］. 南宁：广西统计局编印，1934：483.

而也被人们形象地称为"坐人"或"七角"。安南当时为法国藩属，故东方汇理银行在安南发行的货币在中国境内人们通常称之为"法光"，纸币则称之为"法纸"。一般而言，民间多称之为"法光"，而官方则称之为"安南银元"，具有官方背景、用中英文两种文字表述的海关关册中，英文名称为"French Indo‑China dollars"（法属印度支那银币），中文名称为"安南银元"。① 显然，安南银元的名称更为正式。为论述方便，本文中均以安南银元论之。

19 世纪后期，安南被纳入为法国的势力范围，而"安南与……新加坡、中国密迩，彼此商务甚繁……法国货币多不能通用"②。之前英国政府曾尝试采用本国金币引入中国香港，但未能成功，不得已采用银元。法国对安南也面临同样的问题，为了在安南建立殖民地经济，控制越南的金融货币，解决其本国货币不能在安南流通的问题，法国当局决定自行铸造银币，组建了印度支那银行（BANQUE DE L'INDOCHINE），即东方汇理分行，总部设在巴黎，在越南西贡设分行。1879 年，法国国会作出向交趾支那发行货币的决定，同年，法国货币局的巴黎造币厂便铸造了第一批向交趾支那发行的铜币和银币，并由该银行西贡分行在越南南部发行。③ 最初铸造的为面值 10 仙、20 仙、50 仙的银币，④ 至 1885 年开始制造面值为 1 元的银币。在 1885 年至 1895 年这段时间里，铸造的安南银元重量为 27.215 克，含纯银 24.494 克，而当时流行的墨西哥鹰洋，重量为 27.07 克，含纯银 24.444 克。安南银元的纯银含量高于鹰洋，因而当时人们往往将其收藏和溶解，市面上流通不多。1895 年开始，当局重新铸造一种新的银元，将重量减至 27 克，含纯银 24.3 克，"法当局为补救计，遂于 1895 年别铸一种西贡新银币"，银元成色减低后，收藏和溶解的现象得到了缓解，安南银元遂"多能流通无阻"。⑤ 安南银元的正面为自由女神像，像的下边为铸造年份，边缘用法文写有"法兰西共和国"；反面为两根桂枝结扎成环，环内写有"PIASTRE DE COMMERCE"（贸易的皮阿斯特）的币名，边缘则写有"FRANCAISE INDO‑CHINE"（法兰西的印度支那）（见图 1）。纸币 1875 年由法国汇理东方银行发行，票面额分为 1 元、5 元、10 元、20 元、50 元、100 元 6 种，民间通称为"法纸"（见图 2）。

---

① 中国第二历史档案馆编辑出版的《中国旧海关史料》记载中，均称其为"French Indo‑China dollars"（法属印度支那银币），海关关册中将其译为"安南银元"。

② 耿爱德. 中国货币论 ［M］. 蔡受北，译. 太原：山西人民出版社，2015：142.

③ 云南省钱币研究会，广西钱币学会. 越南历史货币 ［M］. 北京：中国金融出版社，1993：66.

④ 1 皮阿斯特（Piastre）等于墨西哥银元 1 元，1 皮阿斯特等于 100 仙。

⑤ 耿爱德. 中国货币论 ［M］. 蔡受北，译. 太原：山西人民出版社，2015：142.

图1　法国东方汇理银行发行的安南银元①

图2　东方汇理银行发行的纸币②

　　在将安南银元推向市场之前，法国政府已考虑将中国作为其流通的重要市场。为使银元能顺利流通，1879年，法国政府给清廷发文，"法国国家现在定议铸造大元银钱为安南属地之用，……此钱现将赶紧制造，不仅用之安南，并拟用之附近各国，敝国甚愿贵国收受此钱，通行天下，并望贵国海关衙门准其收用"，目的是争取得到清政府

---

① 笔者摄于桂林钱币学会钱币陈列馆。
② 笔者摄于桂林钱币学会钱币陈列馆。

的支持，同意其在中国流通。时任清政府驻英、法大使曾纪泽上奏章表示，"目下自不必设词拒之，且事苟便于民生，一任流通，未始不足与钱法相辅。……我国家于商民生计，纯任自然，固可以明告该国，使知法钱可与美钱一律看待，而不能格外要求利益也"[①]，显然不反对安南银元进入中国市场。

1885年，中法两国"前因两国同时有事于越南，渐致龃龉，今彼此愿为了结，并欲修明两国交好通商之旧谊，订立新约，期于两国均有利益，即以光绪十年四月十七日在天津商订简明条约"。其中规定：①中国承认安南为法国之保护国。"越南诸省与中国边界毗连者，其境内，法国约明自行弭乱安抚。其扰害百姓之匪党及无业流氓，悉由法国妥为设法，或应解散，或当驱逐出境，并禁其复聚为乱。"②北圻与中国滇、桂、粤陆路通商。"中国与北圻陆路交界，允准法国商人及法国保护之商人并中国商人运货进出。"③货物进出滇、桂边界照现在税则减轻。"本约之后。所运货物进出云南、广西边界，应纳各税，照现在通商税则较减。"[②] 1886年，双方进一步补充了细则，"我国关税照协定之海关税则输入税减五分之一，输出税减三分之一，安南过境税不得过值百抽二"[③]。此后法国便享有在我国西南边界贸易的片面最惠国待遇。

据统计，印度支那的"贸易的皮阿斯特"前后共铸了二亿七千五百四十四万余枚，历时33年，[④] 虽期间有所变化，但变化不大，属于较为稳定的货币。"据法国报刊透露，先后输入我国的法光约1700万元，法纸约2000万元，其中一部分由云南流入广西。另据云南蒙自海关1914年至1930年海关进出口金银货币表的统计数字，由蒙自东方汇理银行分行收兑运回安南的银元总数为1450万元。至于广西与安南毗邻地区的安南银元、法纸流入流出数字，没有统计或估算。"[⑤]

二、安南银元在广西边境地区的流通

随着安南银元的发行和在交易中的广泛应用，法国货币随之流入广西。宣统元年（1909）清政府与法国签订的《越盐借过中国龙河章程》中正式承认安南银元作为货币，用以支付两国间的交易费用。该章程规定由安南同登运供高平的食盐，先由陆路运至越边的那岑，以船运通过中国的龙河抵达平而关，转运水口关而入越南的高平。每百斤盐缴纳安南银元3角给中国，直至民国元年（1912），法国筑通谅山至高平的公

---

① 中国人民银行总行参事室金融史料组.中国近代货币史资料：第1辑［M］.北京：中华书局，1964：720.
② 全国人大常委会办公厅研究室.中国近代不平等条约汇要［M］.北京：中国民主法制出版社，1996：151 – 152.
③ 何炳贤.中国的国际贸易［M］.上海：商务印书馆，1937：571.
④ 云南省钱币研究会，广西钱币学会.越南历史货币［M］.北京：中国金融出版社，1993：69.
⑤ 郑家度.广西近百年货币史［M］.南宁：广西人民出版社，1981：154.

路后，此项交往才结束。中越居民到对方境内进行贸易，除买牛马须出具证明外，其他货物均可自由过境。中国出口大宗货物为爆竹、烟丝以及八角、茴油等土特产，入口大宗为薯莨、木料和豆米等，双方的交易均多以"法光""法纸"为结算货币。①

中法战争后，法国强迫清政府签订不平等条约，获得了在云南七府的矿产开采权和修筑铁路的特权，1901年成立了滇越铁路法国公司。滇越铁路修筑历时10年，据法国报刊报道，法国修筑滇越铁路总投资为158 460 000法郎，修筑云南段的民工工资均以法国银元或纸币支付，其中法国银元为7 500 000元，② 随着滇越铁路的修建，法国银元大量流入我国，除云南外，其中相当一部分流入广西、广东等地。

据海关统计，在20世纪初，安南银元进出广西主要经由南宁、梧州等口岸，具体情况如表1所示。

表1　1909—1919年南宁、梧州海关安南银元进出口数量统计表③

（单位：枚）

年份	进口			出口		
	南宁	梧州	合计	南宁	梧州	合计
1909		4 308	4 308	145 040	16 330	161 370
1910	23 289	43 756	67 045	65 068	32 785	97 853
1911		104 117	104 117	114 045	33 782	147 827
1912	22 596	7 937	30 533	3 619		3 619
1913	35 482	1 400	36 882		10 000	10 000
1914	1 550		1 550			
1915	66 220	18 600	84 820	650		650
1916	31 350	2 000	33 350		1 000	1 000
1917	180 950	45 300	226 250			
1918	311 550	868 153	1179 703	610	212 150	212 760
1919	26 300	351 570	377 870	116 922	83 993	200 915
历年总计	699 287	1 447 141	2 146 428	445 954	390 040	835 994

① 广西壮族自治区地方志编纂委员会. 广西通志·金融志［M］. 南宁：广西人民出版社，1996：38.

② 郑家度. 广西金融史稿：下册［M］. 南宁：广西民族出版社，1984：34.

③ 据历年海关统计资料整理。茅家琦，黄胜强，马振犊. 中国旧海关史料［M］. 北京：京华出版社，2001.

上述海关数据反映出以下几方面的情况。

（1）进口多于出口。在上述时间段，安南银元流入比流出的量多，即进口多于出口，为入超。广西作为中国对外贸易的重要窗口，与中国和越南的贸易发展趋势基本相似。"中国与安南的贸易平衡，自1868年至1933年，除了6年共出超2 999 253关两外，历年俱为入超。"①

（2）梧州虽说进口总量更大，但第一次世界大战期间，南宁口岸进口量均超过梧州。梧州口岸是广西联结广东、港澳的枢纽，第一次世界大战期间交通阻断，进口额骤减，显现出战争对贸易市场的影响。

（3）南宁出口额多于梧州，可见南宁口岸在广西与越南贸易中的地位举足轻重。梧州历来为广西对外贸易中心，雄踞三江交汇处，东联粤港澳，时人曾形容梧州在广西的地位如同上海在中国的地位，但在广西与越南贸易中，南宁出口额竟然超过梧州，应与其地理位置更靠近中越边境不无关系。

（4）进出口互为消长。1912年以前，安南银元出口多于进口，但此后基本上进口多于出口，入超成为基本态势。

除梧州、南宁口岸外，一些边境口岸虽未有海关官方进出口安南银元的统计数据，但并非没有使用安南银元的物资流，因为往往是民间使用安南银元进行交易。龙州口岸是广西与越南贸易的重要通道，虽然海关对安南银元进出口情况的记载阙如，但龙州民间存在着广泛使用安南银元的情况："欧西战事发生，本处商务微受影响，因谣传频来，商人稍为注意，本年易换银毫，其价甚高，以致阻碍商业，本埠无甚贸易，本口商人之发达者，多赖东京货物进口，如薯莨、木料、八角、油及犯禁之土药，中国银毫，因不能行用于东京，故商人逼得易换东京光洋，每百元补水，最高之价，时至三十元，以备采办，以上各货，惟八角、油及土药，则获利更厚，该货均由东京绕越私运，不可胜数，实因边地广阔，难于稽查，而走私者，异常技巧，故中国官员，不能制止耳"②。

综上所述，梧州、南宁、龙州几个主要口岸均为安南银元进出广西的重要通道，安南银元正是通过这些渠道完成双边贸易往来的。

三、安南银元与广西边境地区贸易市场

随着安南银元的流通，广西中越边境地区逐渐形成了一个以安南银元为载体的区

---

① 何炳贤. 中国与安南贸易问题研究 [J]. 民族杂志，1934，6（5）：126.
② 中国第二历史档案馆. 中国旧海关史料 [M]. 北京：京华出版社，2001：66 – 117.

域经济市场。其主要特征是双方均以同一种货币为结算方式，不仅政府层面如此，在民间也是如此，是这一区域民众日常生活的重要组成部分。

（1）安南银元在广西边境地区的广泛流通，成为这一地区中越贸易的重要载体。

安南银元流入中国后，在中越边境地区广泛流通，1933年，广西省政府对市场货币流通情况进行调查，得到的结论是安南银元在全省范围内仍广泛使用。根据此项调查报告，在全省99个市县中，有28个县的市场交易直接行使法纸、法光，大部分集中在桂西、桂南地区，如凭祥、靖西、西林、西隆、凌云、龙州、百色、东兰、扶绥、都安等地。在使用法纸较多的地方，法纸在市场上所占比例达60%，但法光流通范围所占的比例整体上大于法纸，占20%~30%。[①] 从上述情况看，当时安南银元在广西流通的范围占30%左右。广西官方也明确记载，"本省密迩安南各县，因与安南贸易关系，此币颇为通行。民（国）十八（年）至民（国）二十（年）之间，广西战乱频仍，银根吃紧，旧镇南道属各县，当时甚至直接以此币交易及纳税"[②]。

安南银元不仅在各地广泛流通且身价不菲，"据说是由于当年广西烟帮到云南购买烟土时，当地山民只收法光或法纸的缘故。建立民国后，鹰洋、港洋、日本洋都渐次退出流通，唯独法光盛行不衰。旧桂系统治期间，每法光1元，兑换以银毫为本位的广西银行纸币，最高时达2元2角，最低时亦为1元4角"[③]。

20世纪60年代广西通志馆曾进行过一次规模较大，涉及数十个县的调查，采访了600余位老人，根据他们讲述的亲身经历，可以一窥19世纪末至20世纪初广西社会的情况，其中不乏有关安南银元在广西一带的流通情况。如在靖西县（今靖西市），"中法交战后，法国光洋（又叫法光）大量流进来，代替了墨西哥银元和银锭，连小圩场都通用"。在龙州，"法光法纸几乎成了边境一带的主要货币，大小交易都要以它为单位。……法光比我国的龙洋重一点，龙洋每个重七钱二分半，法光成色也比龙洋好。所以广东、广西、云南一带都信用法光"。在上思县，"甲申年以后，法光和法纸大量流入上思和边境各地，连很小的圩场和农村也用法光买东西"。而在桂西的西林、田西、西隆等较为偏僻的山区，虽交通不便，但也普遍使用安南银元，"一般小圩场都用，尤其是买卖牛马、田地、房屋都用法光交易，那时银子、铜仙、龙头光洋和其他外国光洋都不如法光通用。……大批法光、法纸在龙州边境一带流通，甚至深入左右江和云南、贵州去。在这些地方，法光、法纸几乎代替了原来流通的银子和其他货币。凡是大宗的交易，甚至通婚受聘，都是讲多少法光"[④]。上述记载表明，当时安南银元

①　郑家度. 广西近百年货币史［M］. 南宁：广西人民出版社，1981：156-157.
②　广西统计局. 广西年鉴·第二回［M］. 南宁：广西统计局编印，1936：646.
③　郑家度. 广西金融史稿：下［M］. 南宁：广西民族出版社，1984：36.
④　广西壮族自治区通志馆. 中法战争调查资料实录［M］. 南宁：广西人民出版社，1982：316-318.

在中越边境地区流通的范围较广，遍及人们生活的方方面面，不仅体现在日常生活用品、生产资料的购买方面，连送礼、婚嫁都少不了。

民国时期的大部分时间广西实行的是小洋本位制，银元"虽定为国币，然本省仍未以之作直接交易工具，盖本省实际上系以银毫为交易本位币故也"①。在广西的绝大部分地区，主要流通的是以广东铸造的一角或两角小面额毫币为主的小洋。但在百色地区，民众在交易时往往不用本地通用的小洋，而是普遍使用安南银元。"毫银在两广本来是一种主币，但在百色则落而为辅币，这是很奇怪的事。百色乡间价值不是特大的买卖，如买卖田地、房屋、牛畜等均以法光计算。就是平常交易（额）超过一元的，都用法光计算。"② 可见当地民众对安南银元的信任度很高，也反映出安南银元在当地商品交易流通中的信誉及作用。

（2）广西是越南出口商品的重要市场，也是越南进口商品的重要来源地，双方以安南银元为结算货币，客观上简化了结算方式，推动了区域市场的形成。

在 19 世纪末至 20 世纪初这一时间段，尤其是中法战争后，在法国对越南实行殖民统治的背景下，中、越、法三方在中国西南边境地区围绕着中越贸易往来制定了诸多带有不平等色彩的条款。在相关的协议中规定，"凡来自云南、广西及广东之绵羊、火把、生皮皮货、猪鬃、生丝……等中国货物输入法属越南时，如直接输入或持有直接提货单者应享受最低税率。……凡中国货物如胡椒、肉桂、丁香、茶叶、纯粹丝织品……输入法属越南时，如直接运入或持有直接提货单者应享受最低税率"③。尽管这是带有浓厚殖民色彩的协议，但折射出双方密切的贸易关系，广西的地理位置使其在中越区域经济市场中占有不可替代的地位。

在中国出口越南的商品中，广西的生皮皮货、生丝、肉桂等均为重要的出口商品。猪、牛均为广西农户广为饲养的家畜，据统计，民国时期广西"一般农民所畜，均为一种副业，计有牛马猪羊及鸡鸭鹅鸽等类，尤以牛猪鸡三类产量较丰，为输出口贸易之大宗。……总计全省约有黄牛八十万匹，水牛七十万匹，合计为一百五十万匹左右，又据海关出入口统计，每年尚有一万三千余匹之输出"④。而养蚕缫丝曾于清末至民国初年在广西盛行一时，"本省蚕业，自清末马丕瑶先生倡导以来，育蚕事业，已广布十余县，以苍梧、藤县、平南三县为最发达，民国十一年至十七年间，为蚕业最盛时期，上列三县之蚕户数，达九千以上，年产蚕茧五百余万斤"⑤。肉桂是一种亚热带植物，

---

① 广西统计局. 广西年鉴·第二回 [M]. 南宁：广西统计局编印，1936：644.
② 张俊民. 广西农民生活概况 [J]. 广西农林学报，1935（1）：87.
③ 何炳贤. 中国的国际贸易 [M]. 上海：商务印书馆，1937：573.
④ 广西统计局. 广西年鉴·第一回 [M]. 南宁：广西统计局编印，1934：215.
⑤ 广西统计局. 广西年鉴·第二回 [M]. 南宁：广西统计局编印，1936：332.

"世界最重要的产区为印度，安南及我国之粤桂两省，本省所产集中于浔江流域，武宣、上思等县亦略有出产。肉桂树皮称为桂皮，枝称桂枝，果实称桂子，俱为国药中之要品，……本省所产桂皮皮层较安南所产者为薄，刺激性亦弱，年产约四万市担，三十一年市价每担二八〇元"[①]。越南是广西出口这些商品的重要市场，而与之交易的安南银元则是结算货币。换言之，在当时安南银元流通的越南和广西边境地区，事实上形成了一个以安南银元为媒介的区域经济市场，尽管这一市场的形成在政治上带有殖民扩张的背景，但客观上却成为双方交往的纽带，对双方的经济交往起到了催化作用。

（3）安南银元在广西边境地区的流通冲击了当地的金融秩序，为法国殖民者掠夺这些地区的物资、加强控制提供了有利的条件。

安南银元在广西边境地区流通后对当地的货币造成冲击，其他原来流通的本洋、鹰洋、港洋、日本洋等各种货币纷纷退出流通市场，而安南银元却一枝独秀盛行不衰。安南银元的流通在民间有较广泛的市场，"新桂系为了控制市场金融，曾经三令五申限制法光与法纸的流通。1927 年 9 月 22 日，桂系省政府财政厅《复靖西县长并通令全省认真查禁低折桂币电》称，'本省市面交易以桂币为本位，不准低折，乃奸商高抬法光，无形低折桂币，殊属不合'。"但一纸公文并未能控制安南银元流通的局面。据当年 11 月 20 日财政厅的报告，"龙州县礼字区辖属水口，毗连法属安南，市面交易，均系法光，鲜有钞票流通"。而当时边境地区的镇边、雷平、凭祥、宁明、龙茗等县，也都广泛使用安南银元。为加强对市场的控制，广西省政府进一步发布公告，要求自 1927 年 10 月 1 日起全省所有税收及市场交易一律使用广西银行纸币和嘉禾币，严禁使用其他货币。[②] 此后情况虽有所改变，但仍未能控制安南银元的流通，到民国二十年（1931）前后，一些地区甚至出现直接用安南银元交税的情况。可见，安南银元在市场流通中影响之大，已干扰到政府的金融市场运作了，这显然是对法国殖民势力有利而国民政府所不愿看到的。

（本文为 2019 年广西钱币学会、广西师范大学历史文化与旅游学院、云南钱币学会、东莞市钱币博物馆联合举办的"中国—东盟货币文化与交流"有奖征文活动获奖作品）

① 广西统计局．广西年鉴·第三回［M］．南宁：广西省政府统计处编印，1948：498－499.

② 郑家度．广西近百年货币史［M］．南宁：广西人民出版社，1981：154.

清人文献所载数则新马地区货币史料考述

黄文波

（广西壮族自治区图书馆）

摘　要：清代的一些个人著述中，记载有不少东南亚地区的货币信息。本文通过梳理部分中国古籍中有关新加坡、马来西亚的资料，析出清代以来数则新马地区的货币资料原始记载，试对这些历史货币进行简要的考述。

关键词：清代；文献；新加坡；马来西亚；货币

中国人移民到东南亚地区具有悠久的历史，一些学者和出洋者根据采访搜集或亲身经历记录了东南亚地区的历史政制、风土人情等，如南宋赵汝适的《诸蕃志》，元代汪大渊的《岛夷志略》、周达观的《真腊风土记》，明代张燮的《东西洋考》、马欢的《瀛涯胜览》、费信的《星槎胜览》、巩珍的《西洋番国志》，清代魏源的《海国图志》等，这些都是了解和研究东南亚历史的中国古代文献经典之作。

清代晚期以来，从内部来看，随着"开眼看世界"的思想潮流，中国知识分子开始重新审视外国国情，著述层出不穷。有关历史地理的文献，清代的产出无论是数量还是质量均远超前朝，而东南亚地区由于华侨华人最多并且深受封贡体系影响自然受到重点关注。从外部来看，东南亚近代史（16 世纪—20 世纪初）是西方殖民主义者对东南亚国家侵略和掠夺的历史①，西方的入侵打破了东南亚各国旧有的封建王朝的自然发展秩序。由于宗主国和本土经济发展水平的不同，不同地区的货币形态和贸易流通也各具特点，这也是作为货币研究者所应关注的落笔点。

在 18—19 世纪，新加坡是马来亚王国的一部分，1819 年莱佛士开埠新加坡，随后英国殖民当局在新马地区建立殖民统治，因此清朝时期的新马关系可谓融为一体、极为密切。本文通过梳理中山大学余定邦教授、黄重言教授等所编的《中国古籍中有关新加坡马来西亚资料汇编》一书，析出清代以来数则新马地区的货币资料原始记载，

---

① 余定邦 . 东南亚近代史［M］. 贵阳：贵州人民出版社，2003：2.

试对这些历史货币进行简要的考述。

一、《海国闻见录》与柔佛金币

陈伦炯所著的《海国闻见录》载："而柔佛一国……产沙金，国以铸花小金钱为币，重四五分，银币不行。"①

《海国闻见录》成书于清雍正八年（1730），其中《南洋记》记载了18世纪东南亚各国的自然地理和人文地理概况。此时的柔佛王国是马来半岛南端马六甲王朝的延续，中国文献对其多有记载。但自16世纪以来，柔佛相继受到葡萄牙、荷兰、英国等殖民主义势力的入侵，不断割让领土，最终沦为傀儡。

陈伦炯在该书中提到，柔佛使用金币，不用银币。历史上，柔佛王国在马六甲苏丹时期曾铸造过本土硬币，据葡萄牙人的记录，（本土硬币）只有铅锡币（锡钱），金银只是以块状的形式被使用在商业交易中而没有被铸造成钱币②。1511年，葡萄牙攻占马六甲后，即废除了当地的货币，改铸新币③。16世纪末，柔佛金币大量发行，在贸易中得到广泛流通，到17世纪，柔佛金币已经广为人知。欧洲贸易商人对其进行了记录：柔佛金币有两种，一种称为 Mas（马来语，意为黄金），另一种称为 Coupang，约为前者的四分之一。据今所见，柔佛金币有八边形、圆形等形态，普遍较小，Mas 重量普遍在2.5克上下，Coupang 则在0.6克上下，考虑到历朝历代的衡器有所差异，因此 Mas 的重量与陈伦炯的记录出入不大。金币币面刻有阿拉伯文的铭记，因阿拉伯文的设计看起来像花纹，故陈伦炯作了"铸花"的记载。至于银币，在当时的柔佛是没有进行流通的，据考古资料，柔佛的遗址发现过一些银质钱币，但数量极少，并且推测是在贸易中由他国所输入的④。这些考述基本证实了陈伦炯记载的准确性。

二、《新加坡风土记》与海峡硬币

李钟珏所著《新加坡风土记》载："坡中用钱不用银，用洋钱不用中国制钱。自一

① 陈伦炯. 海国闻见录［M］// 文渊阁. 钦定四库全书. 史部·地理·外纪之属；另见余定邦，黄重言. 中国古籍中有关新加坡马来西亚资料汇编［M］. 北京：中华书局，2002：216.

② MAJOR F P. The native coinages of the Malay Peninsula（马来半岛的本土硬币）［EB/OL］. http：// www. southeastasiacoin. com/zh－CN/coin/index. xhtml.

③ 徐吉贵. 世界近代中期经济史［M］. 北京：中国国际广播出版社，1996：158.

④ MAJOR F P. The native coinages of the Malay Peninsula（马来半岛的本土硬币）［EB/OL］. http：// www. southeastasiacoin. com/zh－CN/coin/index. xhtml.

镙至一元，凡四等。最小为镙，合制钱二文五六毫，四镙为一占，又名先士，十占为一角，十角为一元，角与元以银为之，镙与占以红铜为之。通用之一元洋钱，铸自日本，轻重与英洋同，英洋光者可用，然甚少。其一二角之小洋钱，皆伦敦及香港所铸。占镙铜饼，则港与坡并铸之。"[①]

《新加坡风土记》成书于清光绪十四年（1888），为今人研究 19 世纪末海峡殖民地的社会、政治、经济情况提供了宝贵的资料。当时的新加坡，文献中又名新嘉坡、星架坡、星洲、叻埠等，是南洋地区扼守马六甲海峡咽喉的一座岛屿。1826 年，英国殖民当局将新加坡、槟榔屿和马六甲三块殖民地合并为海峡殖民地，后改隶为英国殖民部直接管理的皇家直辖殖民地。此后直到 1946 年，新加坡一直是海峡殖民地的一部分并长期承担着首府的职能。

据《新加坡风土记》所载，当时的新加坡并不使用银两交易，也不流行中国制钱，而采用海峡殖民地所发行的硬币（即所谓"洋钱"）。海峡硬币的发行分为两个阶段，1845—1858 年先由东印度公司发行，1867 年后由英国皇家直辖殖民地发行，在 1845 年海峡硬币发行之前通用东印度公司发行的印度卢比。作者李钟珏认为新加坡的海峡硬币共有四个等次：镙、占（分）、角、元，并对这些面值与中国制钱进行了换算，但实际上其面值只以分作为单位。在作者写作该书时（1887 年）市面上共有七种面值的海峡硬币（见表 1），硬币的正面全部为维多利亚女王头像，早期的版本背面铭记是"东印度公司"，后期的则是"海峡殖民地"，两版硬币与之前的印度卢比混合流通。根据标记和记录，共有英国伯明翰造币厂、英国 Soho 造币厂、印度孟买造币厂、香港造币厂等进行了铸造。至于一元面值，李钟珏指出当地流通的是日本银元。这里的一个货币流通背景是：英国在海峡殖民地推行的是自由贸易政策，在此背景激励下，新加坡很快就成为整个东南亚的贸易中心和中国在东南亚最大的贸易伙伴[②]。加上新加坡在殖民初期通货严重不足，因此，新加坡也流通外商用以交易的银元，如当时非常流行的西班牙银元、墨西哥银元、法属波利尼西亚银元、美国银元，以及文献中提及的英国银元和日本银元等。资料显示，海峡殖民地于 1903 年爱德华七世时期才开始铸造印有他本人头像的"壹圆"银元[③]。以上关于海峡殖民地时期新加坡货币的种种资料，均与李钟珏记载相差不大，李钟珏的记载中有少许谬误不过是其所见所闻狭隘所致。

① 李钟珏. 新加坡风土记 [M] // 王云五. 丛书集成初编. 上海：商务印书馆，1936：1 - 15；另见余定邦，黄重言. 中国古籍中有关新加坡马来西亚资料汇编 [M]. 北京：中华书局，2002：188.
② 余定邦. 近代中国与东南亚关系史 [M]. 广州：世界图书广东出版公司，2015：337.
③ 李侠，丁进军. 中国银元通史 [M]. 沈阳：万卷出版公司，2016：492.

表 1　海峡殖民地发行的硬币一览表（截至 1887 年）①

面值（分）	材质	重量（克）	直径（毫米）	发行年份	铭记
1/4	紫铜			1845	东印度公司
1/4	紫铜、青铜			1872	海峡殖民地
1/2	紫铜	4.51	22.3	1845	东印度公司
1/2	紫铜、青铜	4.51	22.3	1872	海峡殖民地
1	紫铜	9.3	29	1845	东印度公司
1	紫铜、青铜	9.3	29	1872	海峡殖民地
5	银	1.36	15	1871	海峡殖民地
10	银	2.71	18	1871	海峡殖民地
20	银	5.43	23	1871	海峡殖民地
50	银	13.58	31	1886	海峡殖民地

三、《欧游随记》与海峡纸币

钱德培所著的《欧游随记》载："廿二日，抵槟榔屿……钱法均用墨格西哥鹰洋，每元分作一百先司，有十先司者，以银为之。一先司、半先司则以紫铜为之，纸币自五元至数百元不等。"②

钱德培于清光绪三年（1877）考取留洋资格，派为德国随员。在光绪四年（1878）九月前往任职的过程中，途径当时海峡殖民地的槟榔屿、新加坡等地，在日记中记录了当地的货币情况。

槟榔屿即今天马来西亚的槟城，同样扼守马六甲海峡的要冲。槟榔屿所流通的海峡殖民地硬币，在钱币制度上与当时较为流行的墨西哥银元一样，一元等于一百分，十分为银质，一分、半分为铜质，这些与上文所提均一致，这里重点要介绍的是当时海峡殖民地流通的纸币。

海峡殖民地公开发行纸币，最早可追溯至 1899 年，目前所见版记多为 1901 年之后

---

① 该表根据克劳斯目录整理而成，参看 MICHAEL T. Standard catalog of world coins，1801—1900，8th edtion［M］. Iowa：Krause Publications，2015：1121 - 1123.

② 钱德培. 欧游随笔［M］//王锡祺辑. 小方壶斋舆地丛钞（第十一帙）. 上海著易堂本影印. 杭州：杭州古籍书店，1985：432；另见余定邦，黄重言. 中国古籍中有关新加坡马来西亚资料汇编［M］. 北京：中华书局，2002：280.

的①，发行单位为"叻屿呷政府"，即海峡殖民地政府，"叻"为新加坡，"屿"为槟榔屿，"呷"为马六甲，票面印有汉字"叻屿呷国库银票"，这就是近代以来中国内地及港澳、新马等地区华文报道中时常可见的"叻币"。

但与钱德培记载相矛盾的是，钱氏 1878 年写的日记，却记录了 20 世纪初期才出现的纸币。因此，可以断定其日记中的纸币并非叻币，而是当时流通于海峡殖民地的数家殖民地银行所发行的纸币。据资料显示，当时至少有三家银行发行的纸币流通于市面。第一家是远东联合银行，1846 年开始发行纸币，面额有 5 元、10 元、25 元、50元、100 元、500 元六种，1884 年倒闭；第二家是印度伦敦中国三处汇理银行（有利银行的前身），1861 年开始在殖民地发行纸币，面额有 5 元、10 元、25 元、50 元、100元、500 元六种，由英国斯普拉格公司印制；第三家是汇丰银行，1881 年底开始在新加坡发行纸币，面额有 5 元、10 元、20 元、25 元、50 元、100 元、500 元七种，由英国伦敦米契姆公司印制②。这三家银行发行的纸币均以银元作为保证，在远东银行倒闭后，另两家银行联合新加坡地方银行发行了后来的叻币。

四、《出使美日秘日记》与广东银元

崔国因所著的《出使美日秘日记》载："广东自铸银钱，近日流通浙广，有运至新加坡者，商民均以为便，入市日多。新加坡总督遂立例禁止，自本年始不准行用云。"③

崔国因是晚清著名学者、外交家，其在海外任职期间，注意体察外国国情，撰写了《出使美日秘日记》16 卷，起始时间为光绪十五年（1889）九月初一至光绪十九年（1893）八月初四，是研究清末中外关系史的宝贵史料。

关于新加坡货币问题，书中提到了当时的流通状况：广东银元流入新加坡日益增多，但很快遭到殖民当局的禁止。作者随后提出了自己的看法："因观此而可证通用银钱之得利也。中国行用墨西哥国银钱近八十年，中国利源漏卮入外国者，盖数千万矣。因尝言之，或不信也。试以此证之，非能夺他国之利，新加坡何以禁其通行哉?"④ 举出新加坡禁止广东银元流通的例子，认为中国流通墨西哥银元使他国获利，本国受损。

---

① 参看 GEORGE S C. Standard catalog of world paper money，general issues，1368—1960，15th edtion［M］. Iowa：Krause Publications，2015：1117 - 1119.

② 多琳·索斯. 新加坡的地方货币［J］. 盛观熙，等译. 内蒙古金融研究（钱币文集·第四辑），2003（S3）：132 - 139.

③ 崔国因. 出使美日秘日记［M］. 胡贯中，刘发清，点注. 合肥：黄山书社，1988：409；另见余定邦，黄重言. 中国古籍中有关新加坡马来西亚资料汇编［M］. 北京：中华书局，2002：331.

④ 崔国因. 出使美日秘日记［M］. 胡贯中，刘发清，点注. 合肥：黄山书社，1988：409；另见余定邦，黄重言. 中国古籍中有关新加坡马来西亚资料汇编［M］. 北京：中华书局，2002：331.

在钱币界有一种共识：由于中国古代经济文化对周边国家的影响，与中国相邻的许多国家也采用中国的钱币形态，因此形成了中国钱币文化圈①。无疑，在封贡体系、华侨华人、通货紧缺等诸多历史因素的影响下，新马地区一度仿效中国的制钱，并采用中国的货币，在一定的历史时期内属于中国钱币文化圈的范畴。

上文提及，在此时期新加坡曾混合流通多国银元，但为何颁布条例禁止广东银元呢？光绪十六年（1890）四月初二，广东的铸币厂正式开铸光绪元宝银元，开启了中国币制现代化的进程②。广东银元面世后，获得了出乎意料的成功，迅速输往各省，并被当作其他省造币的样本。随着华侨华人及贸易商人南来新加坡，广东银元也逐渐进入当地市面流通。据《申报》光绪十八年（1892）的报道，"羊城铸银局自前年开办以来所铸钱银甚颖。而去年间，已有携至新加坡行用者。然惟一、二盾之小银为多，间有携其制钱至坡以供玩好者"③。从中略窥一二，推测殖民当局禁止广东银元可能的原因：一是各国银元的流通，主要在于外商贸易，并且是为便利较大额贸易，而广东银元以小额流通为多，这在一定程度上挤占了金融货币市场；二是广东银元符合华侨以及华商的审美观，颇受欢迎，而殖民当局却一直试图摆脱中国钱币文化圈的影响。关于这个问题的回答，还需要进一步寻找史料进行佐证。

五、《中外大事汇记》与日本银元

据新加坡领事报告，明治二十二年至卅年（按：1890—1898）三月，日本输入海峡殖民地银货六千三百五十七万八千六百六十八弗，海峡殖民地输出至日本者五百五万四千七百五十弗，输入多于输出。然本邦（按：指日本）所输入皆银元，输出至本邦者皆墨银，然则本邦银元流通于海峡殖民地者，乃有六千三百五十七万余元，加之由香港、上海至其地者尚不少。如此则本邦银元非常信用矣。（该条材料由《知新报》翻译自《东京日日新闻》）④

《中外大事汇记》转载了1898年的一则日本新闻，提到海峡殖民地在与日本的贸易中，巨量输入日本银元而流出墨西哥银元，认为日本银元在新加坡具有很高的信用度。结合上文李钟珏《新加坡风土记》的考述，当时新加坡流通日本银元的说法应该

---

① 白秦川.中国钱币学［M］.郑州：河南大学出版社，2014：34.
② 张宁.15—19世纪中国货币流通变革研究［M］.北京：中国社会科学出版社，2018：264.
③ 本报讯.铸银日广［N］.申报，1892 – 07 – 23（2）.
④ 倚剑生.中外大事汇记［M］.戊戌广智报局印行，1898：1840；另见余定邦，黄重言.中国古籍中有关新加坡马来西亚资料汇编［M］.北京：中华书局，2002：385.

是较为客观的，但信用之说值得商榷。日本自明治维新后推行银本位制并铸造银元，重 27 克上下，成色为 90%，背面为龙珠图案，故名"日本龙洋"。日本银元多在通商口岸使用，并随日本对外贸易的发展而流入各国。日本在 1897 年宣布本土停止使用银元，但为了对外贸易需要，将部分银元加盖"银"字戳后出国使用，以防止银元倒流入本土，兑换黄金①。这则转载的日本新闻只强调了显眼的数据，而掩盖了日本已经开始金融侵略的实质。

六、结语

众所周知，清代是最为贴近现代的封建王朝，遗存的文献资料卷帙浩繁。但这些海量的历史文献中有关货币史料的记载，往往是寥寥数笔。究其原因，或是时人的认知有限，或是信息闭塞，或是存疑逡巡导致不敢洋洋洒洒。我们在对这些文献中的货币史料进行利用时，亦需要大胆假设、小心求证，而不是信手拈来即为说辞。本文通过对清代文献中数则新马地区货币史料进行简要介绍，结合现今的多方资料，基本印证了清人文献关于新马地区货币记载的准确性，扩展了相应的钱币史知识。谬误之处，还请方家指正，亦希望这种研究方法可以更广泛地运用到钱币史的研究当中。

（本文为 2019 年广西钱币学会、广西师范大学历史文化与旅游学院、云南钱币学会、东莞市钱币博物馆联合举办的"中国—东盟货币文化与交流"有奖征文获奖作品）

---

① 杨觉. 简说日本龙洋银币 [J]. 收藏界，2010 (6)：102 - 103.

广西贵港汉墓出土钱币相关问题研究

袁俊杰

（广西师范大学历史文化与旅游学院）

摘　要： 广西贵港在秦汉之际分设桂林郡和郁林郡，一度成了广西政治、经济、文化中心。贵港汉墓是广西现存最大规模的汉墓群之一，从20世纪50年代至今，贵港汉墓出土了约3 000枚汉代货币，其中数量最多的为五铢钱，其次为大泉五十和货泉，还有少量的陶、泥质五铢钱。因原始发掘报告鲜有出土钱币的照片或拓片，本文仅能依据现有考古报告，做一些钱币类型学之外的相关问题探讨，主要结论为：①贵港汉代货币经济形成时间约为西汉中期；②贵港汉墓的随葬钱币包括流通货币及冥币；③贵港孔屋岭汉墓的主人为南下的汉族男性武官，随葬的五铢钱应为其生前军饷或者俸禄；④未发现钱币私铸的证据。

关键词： 广西；贵港汉墓；货币经济；族属；私铸

一、引言

广西的汉代考古始于20世纪50年代，随着"一五"期间大规模基础建设的开展，广西文物工作者先后在桂林、贵县（今贵港）、兴安、藤县、富钟（今钟山）、梧州等多地发现汉晋墓葬①，其中尤以贵港汉墓最具代表性。贵港地处桂东南的浔郁平原之上，郁江穿城而过，良好的地理地貌孕育了灿烂的古代文明。贵港是秦桂林郡和汉郁林郡郡治所在，其境内保有大量的汉代墓葬，墓葬群遍布城内外，学界称之为贵港汉墓群②。贵港汉墓的封土堆多高出地表，远观似小土山，当地人多以"岭"称之。从时间上来看，贵港汉墓大规模发掘大概经历了三个阶段：①20世纪50年代，先后发掘了

---

① 广西壮族自治区文物工作队. 广西文物考古报告集 ［M］. 南宁：广西人民出版社，1993：1.
② 林强，蒋廷瑜. 贵港罗泊湾汉墓 ［J］. 中国文化遗产，2008（5）：50-54.

贵县高中①、贵县城北新牛岭②③、北门粮仓④、东湖⑤、北郊汶井岭⑥⑦、北门火车站旁的刘吉岭⑧等多处汉墓;②20 世纪 70 年代末至 90 年代,先后发掘了贵县罗泊湾一号、二号汉墓⑨⑩,北郊汉墓群⑪和风流岭汉墓⑫,贵县高中、深钉岭⑬、孔屋岭⑭、马鞍岭⑮等多处墓葬;③2000 年以后,再次发掘了孔屋岭上三座汉墓⑯以及马鞍岭至梁君垌一线多处汉墓⑰。这些汉墓的发掘为了解广西汉代政治经济文化提供了丰富的考古材料,同时也搭建起了广西汉代考古的框架,从既往的考古报告来看,报告中详细描述了墓葬的形制、随葬品,并依据葬式和随葬品参照广东汉墓和湖南汉墓进行了年代分期。由于墓葬出土的钱币属于相对"小众"的随葬品,考古报告中对此多未详细著述,且大多报告中缺失钱币照片或拓片,本文仅能依据以往的发掘报告,尝试对贵港汉代货币经济形成、墓葬主人族属以及货币私铸等相关问题展开讨论。

二、贵港汉墓及出土钱币概况

随着中华人民共和国的成立,国内大规模基础建设陆续开展,面对巨大的"基建"压力,各地急缺专业的考古人才,因此,1952 年至 1955 年,中央文化部联合中国科学院考古所和北京大学开办了四期"考古工作人员训练班",从全国共招收学员 369 人,

---

① 黄增庆. 广西贵县汉木椁墓清理简报 [J]. 考古通讯, 1956 (4): 18 - 20.

② 黄增庆. 广西贵县新牛岭第三号西汉墓葬 [J]. 文物参考资料, 1957 (2): 64 - 65.

③ 黄增庆. 广西贵县新牛岭汉墓清理 [J]. 考古通讯, 1957 (2): 57 - 58.

④ 梁友仁. 广西贵县发现汉基一座 [J]. 考古通讯, 1956 (4): 39.

⑤ 何乃汉. 广西贵县东湖两汉墓的清理 [J]. 考古通讯, 1957 (2): 58 - 60.

⑥ 梁友仁. 广西贵县汶井岭东汉墓的清理 [J]. 考古, 1958 (2): 47 - 49.

⑦ 梁友仁. 广西贵县清理了一批由西汉至宋代的墓葬 [M] //广西壮族自治区文物工作队. 广西文物考古报告集 1950—1990. 南宁: 广西人民出版社, 1993: 496 - 497.

⑧ 梁友仁. 广西贵县发现汉墓 [J]. 考古通讯, 1956 (3): 57.

⑨ 蒋廷瑜, 邱钟崙, 梁肇池, 等. 广西贵县罗泊湾一号墓发掘简报 [J]. 文物, 1978 (9): 25 - 34.

⑩ 兰日勇, 覃义生. 广西贵县罗泊湾二号汉墓 [J]. 考古, 1982 (4): 355 - 364.

⑪ 黄启善. 广西贵县北郊汉墓 [J]. 考古, 1985 (3): 197 - 215.

⑫ 何乃汉, 张宪文. 广西贵县风流岭三十一号西汉墓清理简报 [J]. 考古, 1984 (1): 59 - 62.

⑬ 广西壮族自治区文物工作队, 贵港市文物管理所. 广西贵港深钉岭汉墓发掘报告 [J]. 考古学报, 2006 (1): 83 - 114.

⑭ 广西壮族自治区文物工作队, 贵港市文物管理所. 广西贵港市孔屋岭东汉墓 [J]. 考古, 2005 (11): 42 - 50.

⑮ 广西壮族自治区文物工作队. 广西贵港市马鞍岭东汉墓 [J]. 考古, 2002 (3): 34 - 45.

⑯ 广西文物保护与考古研究所, 贵港市博物馆. 广西贵港市孔屋岭汉墓 2009 年发掘简报 [J]. 考古, 2013 (9): 40 - 67.

⑰ 广西文物保护与考古研究所, 贵港市博物馆. 广西贵港马鞍岭梁君垌汉至南朝墓发掘报告 [J]. 考古学报, 2014 (1): 67 - 108.

这些学员后来大部分成了各省、区早期考古事业的领导者[①]。广西的黄增庆和何乃汉两位先生学成回来之后，主持了早期广西汉墓的发掘工作。从 1954 年至 2010 年，贵港市正式发掘汉墓逾 500 座，这些汉墓群多分布在今贵港市贵城镇郊区，南起郁江，北至贵港高中，西从贵港糖厂向东沿风流岭、大公塘经旧飞机场直到罗泊湾、南斗村和铁路桥，区域面积约 19 平方千米，这是广西保存最为密集的汉代古墓群之一[②]。

从现有考古资料来看，贵港汉墓的年代上限为西汉早期，下限至东汉晚期。西汉早期墓葬发现较少，最具代表性的为罗泊湾一号墓[③]和二号墓[④]，为大型土坑木椁墓；西汉中期至晚期多为竖穴土坑墓，这其中又包含有墓道和无墓道两种亚类型；东汉早期也多为竖穴土坑墓，到了中晚期则以砖室墓居多。笔者查阅了有关贵港汉墓的文献，发现绝大多数汉墓中都有铜钱出土，且以土坑墓居多，而砖室墓出土铜钱相对较少，这可能与砖室墓大多被盗有关。从文献分析来看，贵港汉墓中出土数量最多的是两汉五铢钱，其次是新莽时期的大泉五十和货泉，此外还有少量的陶质五铢钱和泥质五铢钱等冥币（见表 1）。

表 1　贵港汉墓出土钱币简表

出土地点	发掘时间	墓葬年代	墓葬类型	钱币种类	西汉五铢钱（枚）	新莽钱（枚）	东汉五铢钱（枚）	钱币总数（枚）
贵县高中汉木椁墓	1955 年2 月至3 月	西汉晚期或东汉初期	竖穴土坑墓	五铢钱	120	0	0	120
贵县城郊汉墓	1954 年至 1955年 5 月	两汉时期	竖穴土坑墓和砖室墓	五铢钱、大泉五十、货泉	325（孔下半星）	不明	2 190	超过2 515
贵县城北新牛岭第三号西汉墓	1956 年7 月	西汉晚期	竖穴土坑墓	陶制阳文五铢钱				12

①　孙秀丽. 考古的"黄埔四期"——记 1950 年代考古工作人员训练班［J］. 中国文化遗产，2005（3）：74 - 84.

②　广西文物保护与考古研究所，贵港市博物馆. 广西贵港马鞍岭梁君垌汉至南朝墓发掘报告［J］. 考古学报，2014（1）：67 - 108.

③　蒋廷瑜，邱钟崙，梁肇池，等. 广西贵县罗泊湾一号墓发掘简报［J］. 文物，1978（9）：25 - 34.

④　兰日勇，覃义生. 广西贵县罗泊湾二号汉墓［J］. 考古，1982（4）：355 - 364.

（续上表）

出土地点	发掘时间	墓葬年代	墓葬类型	钱币种类	西汉五铢钱（枚）	新莽钱（枚）	东汉五铢钱（枚）	钱币总数（枚）
贵县北郊汉墓（县城东北和西北方向，距城半里至七里不等）	1954年9月至1955年1月	汉代	土坑墓和砖室墓	五铢钱、大泉五十	0	1	数十枚	不明
贵县北门粮仓东汉墓	1955年11月24日至27日	东汉	竖穴土坑墓	五铢钱	0	0	不明	不明
贵县新牛岭汉墓（第四号墓）	1956年秋	西汉晚期或东汉初期	"十"字形土坑墓	五铢钱（泥质）				18
贵县东湖两汉墓	1956年4月	2号墓西汉，4号墓东汉	竖穴土坑墓	无	0	0	0	0
贵县北郊汶井岭东汉墓（编号55，贵总M026）	1955年10月23日至25日	东汉晚期	竖穴土坑墓	无	0	0	0	0
贵县北郊汶井岭两汉墓	1955年10月至11月	两汉墓	土坑墓和砖室墓	无	0	0	0	0
贵县刘吉岭汉墓	1955年5月至11月	西汉晚期或东汉早期	竖穴土坑墓	五铢钱	不明		不明	不明
贵县北郊汉墓（黎湛铁路两侧）	1978年5月至7月	西汉中期至东汉晚期	木椁墓和砖室墓	五铢钱	不明	0	不明	不明

（续上表）

出土地点	发掘时间	墓葬年代	墓葬类型	钱币种类	西汉五铢钱（枚）	新莽钱（枚）	东汉五铢钱（枚）	钱币总数（枚）
贵县风流岭三十一号西汉墓	1980年7月底至9月初	西汉时期	土坑木椁墓	无	0	0	0	0
贵港深钉岭汉墓	1991年1月至7月	西汉中期至东汉晚期	竖穴土坑墓和砖室墓	五铢钱	不明	0	不明	约200
贵港市孔屋岭东汉墓	1994年10月至11月	东汉晚期偏早阶段	砖室墓	五铢钱	0	0	约50	约50
贵港市马鞍岭东汉墓	1996年12月至1997年1月	东汉前期和东汉后期	竖穴土坑墓	五铢钱（东汉）	0	0	数串	不明
贵港市孔屋岭汉墓	2009年9月	西汉晚期，东汉前期	竖穴土坑墓和砖室墓	五铢钱	不明	0	不明	不明
贵港市马鞍岭至梁君垌沿线汉墓	2010年8月至10月	东汉晚期	土坑墓	不明				约16

三、贵港汉墓出土钱币相关问题分析

从现有贵港汉墓相关文献来看，发掘报告多详细记述墓葬的形制和随葬品，尤其是用于墓葬分期的陶器和金属器，对墓葬出土的钱币多一笔带过，鲜有加以详述。尤为遗憾的是很多报告并没有钱币的照片或者拓片，导致无法进行钱币类型学的研究，本节将以原始文献描述来对贵港汉墓的钱币进行分析，拟探讨贵港汉代货币经济形成时间、钱币的类型、墓主人的族属以及钱币是否私铸等问题。

（一）贵港汉代货币经济的形成时间

从考古材料来看，贵县高中汉墓、贵县城郊汉墓、刘吉岭汉墓、孔屋岭汉墓、深钉岭汉墓及北郊汉墓均出土有西汉五铢钱，其中贵县北郊汉墓和深钉岭汉墓年代上限可达西汉中期，其余多为西汉晚期。这说明西汉中期以后随着汉武帝平定岭南，岭南地区的政治经济文化有了大的发展，中原的货币源源不断流入广西。彼时贵港为汉初郁林郡郡治所在，是商贾云集之地，因此贵港所在的桂东南地区在西汉中期就开始出现早期的货币经济，结束了"物物交换"的阶段。

（二）贵港汉墓随葬钱币的类型

据不完全统计，贵港汉墓迄今共出土钱币约 3 000 枚，占广西出土汉代钱币总量的 1/4。1956 年 7 月发掘的贵县新牛岭第三号西汉墓出土的 12 枚陶质阳文五铢钱和 1956 年秋发掘贵县新牛岭汉墓时出土的 18 枚泥质五铢钱之外，其余汉墓出土的钱币均为金属货币。从钱币用途来看，可以大致分为"实用货币"和"冥用货币"两大类。

1. 实用货币

在出土有五铢钱的贵港汉墓中，多数为土坑墓，相对而言砖室墓中较为稀少。究其原因，笔者认为这与贵港砖室墓早期多被盗掘有关。以贵港 20 世纪 70 年代末发掘的北郊汉墓为例，水电 M10 号墓为砖室墓，墓制结构坚固，由墓道、前室、后室和左右耳室五部分组成，墓内未发现完整器物，仅存一些陶片和东汉五铢钱[①]。此外，北郊汉墓的二七三 M1 还首次在后室和耳室门前发现有用砖砌起来的祭台，祭台上有仓、灶、屋、罐、壶、瓶、博山炉、盒等陶器以及铜碗、铜盆和五铢钱，五铢钱发现时绝大多数用麻绳串联，但麻绳已腐朽。过去一千文为一吊，以麻绳系之应该可以佐证这些五铢钱当为流通货币，在墓主人死后被当作随葬品埋之。

2. 冥用货币

历年来对贵港汉墓的发掘，仅在新牛岭两处汉墓中发现有陶（泥）质五铢钱。新牛岭第三号汉墓为无墓道的竖穴土坑墓，随葬品以陶器为主，并且伴有西汉墓葬常见的钫，加之陶罐纹饰多有小方格纹、米字纹等，原报告者将其年代定为西汉晚期[②]。这些陶质五铢钱均出自墓坑中间，为细泥质陶，火候不高，颜色灰色，阳文"铢"字无"金"字旁。测量一枚完整的陶质五铢钱得知，其直径 2.2 厘米，厚 0.2 厘米，孔径 0.8 厘米，重 1.5 克。新牛岭第四号汉墓为带墓道的"十"字形土坑墓，随葬品有陶

---

① 黄增庆. 广西贵县新牛岭第三号西汉墓葬 ［J］. 文物参考资料, 1957 (2)：64 – 65.

② 黄增庆. 广西贵县新牛岭汉墓清理 ［J］. 考古通讯, 1957 (2)：57 – 58.

罐、陶壶、陶鼎、陶罍、陶钫等，且依据陶器纹饰较为简朴有别于东汉陶器，原报告中将其年代定为西汉晚期或东汉初期①，在一件素纹陶罐中发现有泥质五铢钱18枚。

"五铢"陶钱在中原地区的汉墓中也不少见，其中，陕西、河南的东汉墓中的泥质钱以"五铢"和"大泉五十"为主，文字为反书阴文，而新牛岭汉墓中的陶质五铢钱则为阳文，与邻近湖南等地的发现类似，这一类陶（泥）质五铢钱应为冥用钱币。

结合新牛岭两座汉墓陪葬品来看，墓内随葬的金属类兵器较少，仅在第四号墓内发现有铜矛，似乎提示墓主人生前为文官的可能性较大。

（三）汉墓主人的族属

近年来不少学者对广西汉墓进行了族属的分析和探讨②，主要依据墓葬的形制以及随葬品组合并结合相关历史文献加以考证。笔者认为贵港汉墓中随葬的五铢钱应为流通货币，因原报告较少有五铢钱的照片和拓片，我们无法对其进行类型学分析，但现有的报告可以提供另外一个思路，就是从随葬品来推测墓主人的性别、地位等族属信息。

以2009年9月发掘的贵港绿洲小区孔屋岭三座汉墓为例③，M2为同坟异穴土坑合葬墓，两个墓室左右并列提示这是一处夫妻合葬墓，M2a和M2b均出土有五铢钱，其随葬品中都有陶盒、陶罐、陶壶等贵港汉墓中常见的器物，不同的是M2b随葬品中还出土有铜弩机、铁削、铁镞等兵器，提示墓主人应为男性，生前可能为武官。M1为砖室墓，发掘时已经被盗，墓结构分为墓道、长方形的前室和并列的两个后室，墓中填土中有五铢钱，随葬品中还发现有铁剑柄、铜弩机和铁刀等兵器，也提示墓主人可能为男性武官。

孔屋岭汉墓中出土的陶罐、陶壶等陶器与中原地区形制相近，而不见岭南越人墓葬中常见的联罐、匏壶等器形。有学者曾分析汉代两广地区的货币流通④，并将两广地区货币的支出分为军费支出、官员俸禄支出、赈灾和移民支出三类。广西贵港在汉代属于汉越杂居之地，大小战争及民族起义不断，中央政府多派兵剿之，因此军费开支较大。从贵港汉墓伴有五铢钱的墓葬随葬品来看，多数都伴有刀、剑、弩机等兵器，提示墓主人可能为南下的汉族武官，这些五铢钱应为墓主人生前的军饷或者俸禄，属于军费支出或官员俸禄支出的部分。

① 黄启善. 广西贵县北郊汉墓［J］. 考古，1985（3）：197–215.
② 富霞. 广西合浦汉墓主人族属及域外文化因素探讨［J］. 中国国家博物馆馆刊，2018（4）：26–34.
③ 广西文物保护与考古研究所，贵港市博物馆. 广西贵港市孔屋岭汉墓2009年发掘简报［J］. 考古，2013（9）：40–67.
④ 樊博琛. 浅析汉代两广地区货币的流通［J］. 区域金融研究，2017（5）：86–90.

（四）贵港汉代钱币私铸问题探讨

在二十世纪八九十年代，广西合浦和全州地区出土了大批带特殊记号的五铢钱。从钱文来看大多为东汉五铢钱，少有西汉五铢钱，这些标记大致分为三类：第一类为筹码符号；第二类为加点、增笔、减笔、断画等方式的密记；第三类是人名或者特殊符号。这些符号反映的应该是铸钱管理制度上的一种措施，加之汉代合浦郡和零陵郡（今全州所在地区）都有铜矿，具备铸钱的基本条件，这说明当时广西已经有了本地的私铸钱币①。但在既有的贵港汉墓发掘中，尚未见有这些特殊记号的五铢钱的相关报道，目前的证据尚不足以支持郁林郡存在私铸现象的观点。

四、结语

位于广西东南浔郁平原的贵港在秦始皇三十三年（前214）设桂林郡、汉武帝元鼎六年（前111）改郁林郡之后，成了当时广西的政治、经济、文化中心，郁江北上经灵渠进湘江可以与中原通达，顺郁江而下可以到达番禺（今广州），便捷的水利交通使得贵港在汉代成为商贸枢纽。从贵港现存的大量汉墓来看，既有已知广西最高等级的罗泊湾汉墓，又有数量众多的中小型砖室墓。据不完全统计，保留至今的汉墓总数逾万座，足见当时贵港人口众多、商业发达。然而，相较于贵港汉墓在广西汉代考古中的重要地位而言，贵港出土汉代钱币的研究相对滞后，这一方面与贵港汉墓多被盗掘、钱币流失有关；另一方面主要是既往的发掘者多重墓制和随葬品，对钱币关注不够。从考古文献来看，报告人对墓葬出土的钱币多一笔带过，鲜有加以详述，尤为遗憾的是很多报告并没有钱币的照片或者拓片，这给贵港汉代钱币的研究造成了不便。本文依据现有考古报告，对钱币相关问题进行探讨得出结论：①贵港汉代货币经济形成时间约为西汉中期；②贵港汉墓的随葬钱币既有流通货币又有冥用的陶（泥）质五铢钱；③依据贵港孔屋岭汉墓出土器物分析，五铢钱的墓主人为南下的汉族男性武官，随葬的五铢钱应为墓主人生前军饷或者俸禄；④目前考古学证据尚不支持贵港有钱币私铸现象。

---

① 广西钱币学会. 广西历史货币［M］. 南宁：广西人民出版社，1998：9－12.

潇贺古道沿线地区出土汉代钱币初探

毛明霞

（广西师范大学历史文化与旅游学院）

摘　要： 近几十年来，考古工作者发掘了潇贺古道沿线地区的汉墓，发现了大量钱币。这些两汉时期的钱币与中原地区出土的钱币类型基本一致，是广西与中原地区商贸往来的有力证明。此外，与钱币同时出土的还有许多外来的玛瑙、琥珀玻璃等饰品，证明潇贺古道是海上丝绸之路的连接点之一。通过对潇贺古道沿线地区出土钱币的研究，可以推进我们对汉代广西东北部地区政治、城市、商贸情况的认识。

关键词： 汉代；潇贺古道；钱币

一、引言

潇贺古道是连接湖南潇水与广西贺江的水、陆路通道的总称，其位于湘桂之间，是古代岭南与中原地区沟通的交通要道。潇贺古道向北接潇水与长江相连，向南经贺江沟通珠江，水路之间有官道与民道相接，构成了一个系统的湘南—桂北交通网络。潇贺古道的区域范围泛指"由潇水通过陆路连通广西贺江直至汇入珠江、以贺江流域为主体的广大地区，其间还涵盖着湖南永州、广西桂林两省（区）市的部分地区，主要是湖南的道县、江永县、江华瑶族自治县，广西的恭城瑶族自治县，即都庞岭、萌渚岭等山区及其以南部分地区"①。前人通过历史文献、田野调查等方法对潇贺古道的路线和走向进行了考证，对潇贺古道的经济文化发展进行了研究，但缺乏对潇贺古道的钱币进行具体的研究。研究古代交通要道上的钱币，有助于我们了解当时的政治、经济、文化的交流和发展。本文试图以潇贺古道出土的钱币为研究对象，通过对潇贺古道出土钱币的研究，试图了解潇贺古道的商贸往来，分析潇贺古道的历史作用，进而探寻潇贺古道与海上丝绸之路的关系。

---

① 韦浩明. 潇贺古道历史文化研究［M］. 长沙：中南大学出版社，2012：61.

二、钱币在古代社会经济中的重要作用

钱币作为商品交换的媒介，在社会经济中扮演着重要的角色，反映了当时经济发展的情况，是商业发展的见证者。《史记·平准书》云："农工商交易之路通，而龟贝金钱刀布之币兴焉。所从来久远……唐虞之币，金为三品，或黄，或白，或赤；或钱，或布，或刀，或龟贝。"① 从《史记·平准书》的记载来看，随着商品经济的发展，金、钱、布、刀、龟贝已经被当作一般等价物广泛使用，属于早期的钱币。1993 年，贺县博物馆在贺县（今贺州市）沙田镇龙中村发现一座以天然岩洞为墓穴的古墓葬，出土了 12 枚贝币，个体较小，多为长 2.4 厘米、宽 1.8 厘米的椭圆齿海贝，有的稍大或稍小些。这些贝币壳质坚硬，色泽美丽，腹部较平，壳口狭长，两缘有齿状突起，背部皆有磨式穿孔。② 这些贝币属于海贝，应是当地居民交换所得。与贝币同时发现的还有青铜器，这些青铜器既有中原的风格，又具有浓厚的地方特色。譬如青铜鼎、尊、罍等器物的窃曲纹、蟠虺纹和蟠螭纹具有明显的中原风格，而铜鼓的风格与云南石寨山型早期鼓有更多的相同之处。③ 这些贝币和青铜器的发现说明了早在先秦时期，今天的贺州与中原及周边地区就有了贸易往来，贝币则在此间充当了商品交易的媒介。从贝币出土的数量（仅为 12 枚）来看，当时贸易的数量不是很大。

汉武帝统一岭南后，在当地推行了郡县制，鼓励农业和手工业的生产和发展，为经济社会的发展奠定了基础。同时开辟了海上丝绸之路，中原以岭南为出海通道，开始与海外进行贸易，为钱币的流通和使用创造了广阔的市场。

潇贺古道地处湖南、广西的交界地带，是中原地区与岭南沟通的纽带，地理位置十分重要。在两汉时期，潇贺古道地区与中原地区的联系越来越密切，经济得到迅速发展。反映在考古发现上，是该地区有不少地方都发现了两汉时期的钱币。

三、潇贺古道沿线出土的汉代钱币及其特点

汉代以后行政建制有所变革，但基本沿用了汉代的行政区划。根据出土地点和行政建制的不同，本文将潇贺古道出土的钱币划分为湖南永州地区（相当于汉代湖南零陵郡南部地区）和广西贺州地区（相当于汉代富川、临贺、广信地区）两部分来论述。

① 司马迁. 史记［M］. 北京：中华书局，1963：1442.
② 贺县博物馆. 广西贺县龙中岩洞墓清理简报［J］. 考古，1993（4）：328.
③ 贺县博物馆. 广西贺县龙中岩洞墓清理简报［J］. 考古，1993（4）：329.

（一）湖南永州地区

湖南永州地区潇贺古道沿线出土的汉代墓葬和钱币主要分布在今湖南永州市鹞子山、鹞子岭及永州市零陵区。20 世纪 60 年代以来，湖南省考古工作者陆续在永州市鹞子山、鹞子岭及永州市零陵区等地发掘了汉墓，其中钱币的出土情况如下：

1. 永州市鹞子山西汉"刘疆"墓

1984 年在永州市鹞子山发现古墓，"在右外藏椁中部出土五铢钱约 2 000 枚。铜钱出土时有草席包扎残留，而且都用麻绳串起，共五大串。每大串均由 2 根麻绳在中部交中线成'8'字结，引出四根麻绳分别串铜钱 100 枚，共 400 枚。铜钱均无使用痕迹，还可见铸造时的残渣。其形制有两种：一种直径为 2.4 厘米、廓宽 0.05 厘米，重 2.8 克（见图 1 之①）。另一种直径为 2.6 厘米、廓宽 0.1 厘米，重 3.5 克（见图 1 之②）。两种铜钱的正面方孔无廓，孔边长 0.95 厘米"①。"刘疆"墓出土的随葬品精美珍贵，且出土有铜质龟钮的私人印章，按照《汉书》百官表所列内容，墓主的食禄当在六百石以上。永州市鹞子岭为西汉泉陵侯的家族墓地，说明墓主应是当时泉陵侯家族成员。"刘疆"墓出土的五铢钱质量有轻重之分，但其钱文却基本一致。"五铢"二字较为清晰丰满，与穿等高，排列整齐。其中"五"字形成两个对头炮弹形，"金"字头呈锐角三角形，四点近圆而小，"朱"字头方折，下部略圆垂，属于宣帝后期铸造的五铢钱。

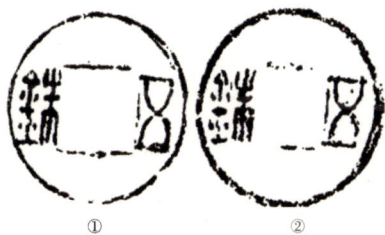

图 1　永州市鹞子山西汉"刘疆"墓出土五铢钱的拓本②

2. 零陵永州鹞子岭一号西汉墓

1992 年 4 月至 12 月湖南省文物考古研究所和零陵地区文物工作队联合发掘永州市区北部的鹞子岭西汉墓葬，出土货币有"铁饼，大、小铜五铢和五铢泥冥币"③。该墓

---

① 零陵地区文物工作队. 湖南永州市鹞子山西汉"刘疆"墓 [J]. 考古，1990（11）：1008.

② 图片来源：零陵地区文物工作队. 湖南永州市鹞子山西汉"刘疆"墓 [J]. 考古，1990（11）：1009.

③ 中国考古学会. 中国考古学年鉴 [M]. 北京：文物出版社，1993：216.

规模宏大，墓内随葬品中有一件漆豆，其底部朱绘"泉陵家官第三河平二年……"[1]，《汉书》卷十五《王子侯表》云：元鼎六年（前 111）封长沙定王子刘贤为"泉陵节侯"[2]，由此推断墓主为泉陵侯家族成员之一。

3. 永州市鹞子岭二号西汉竖穴木椁墓

1995 年湖南省文物考古研究所与永州市芝山区文物管理所对鹞子岭 92YM1 同一封土堆下的南面墓葬进行了发掘。此处墓葬与西汉"刘疆"墓及鹞子岭一号西汉墓（鹞子岭 92YM1）同为泉陵侯家族墓。出土半两钱与五铢钱，具体数量未知。但从"刘疆"墓葬规模看来，二号西汉墓出土的钱币应不在少数。二号西汉墓出土的半两钱"钱体大而肉薄，正反两面均无轮、廓，字体较大而见平阔，直径 2.8 厘米"[3]（见图 2 之①），"两"字中竖两侧均作"人"字形，"半"字上部方折，两横平齐，应是西汉早期所铸的半两钱。五铢钱背面轮、廓清晰，正面有轮无廓。可分四式：Ⅰ式，钱文字体较粗，与穿等高，"五"字交笔缓曲，直径 2.5 厘米，"金"字头似三角形，"金"字旁不太清晰，应为武帝三官五铢（见图 2 之②）；Ⅱ式，钱文字体较粗，"五"字交笔缓曲，直径 2.5 厘米，"金"字头似菱形，"金"字旁不太清晰，应为武帝三官五铢（见图 2 之③）；Ⅲ式，字体瘦小，直径 2.5 厘米"五"字交笔较Ⅰ式和Ⅱ式而言，弯度略有加大，'铢'字模糊，应为昭帝三官五铢（见图 2 之④）；Ⅳ式，"五铢"二字清晰丰满，直径 2.6 厘米，"五"字交笔弯曲，两竖近平行，形成两个对头炮弹形，"金"字头呈三角形，"金"字四点近圆而小，"朱"字头方折，应为宣帝以后铸造的五铢钱（见图 2 之⑤）。

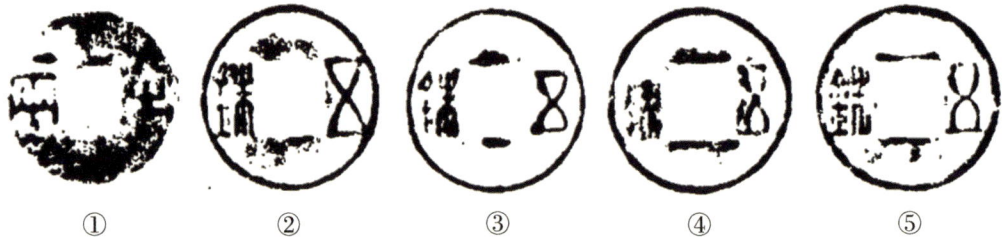

① ② ③ ④ ⑤

图 2 永州市鹞子岭二号西汉墓货币的拓本[4]

---

① 中国考古学会．中国考古学年鉴［M］．北京：文物出版社，1993：216．

② 班固．汉书［M］．北京：中华书局，1962：470．

③ 湖南省文物考古研究所，永州市芝山区文物管理所．湖南永州市鹞子岭二号西汉墓［J］．考古，2001（4）：52．

④ 图片来源：湖南省文物考古研究所，永州市芝山区文物管理所．湖南永州市鹞子岭二号西汉墓［J］．考古，2001（4）：56．

4. 永州市鹞子岭汉墓

1985 年 10 月至 12 月零陵地区文物工作队在永州市东郊鹞子岭发掘 M30，出土一批"铜、陶五铢和水晶、玛瑙珠等"①。铜五铢和陶五铢的具体出土情况虽未见描述，但墓葬位于鹞子岭，随葬物品又包括铜壶、铜镜、水晶、玛瑙珠等，此墓主应是泉陵侯家族的一员，出土货币的数量应不在少数。

5. 湖南零陵新莽时期砖券墓

1963 年 2 月底，湖南省博物馆在零陵李家园清理了一座新莽墓，出土钱币"共 3 串，约 50 枚，出土时置于后端及右侧。钱上残留有朱砂、丝织品残片及木痕。货币有'五铢'与'大泉五十'两种。五铢钱直径 2.5 厘米，'五'字曲笔，'铢'字之'朱'旁上折，似为西汉宣帝时所铸；'大泉五十'仅有一枚完好者，四边磨平，直径仅 2.4 厘米"②。墓室中的货币成串出土，且残留朱砂、丝织品及木痕，这些货币应该是正在流通的钱币，而非专门制作的冥币。

6. 湖南零陵东门外东汉初期砖圹墓

1956 年，湖南省文物管理委员会在零陵县东门外发掘东汉墓一座，"出土五铢钱 6 枚，出土时已残碎"③。五铢钱置于墓室北端的二层台中间，由于出土时已残碎，无法对其进行具体分析。

7. 零陵东汉券顶砖墓

1963 年在零陵造纸厂发现东汉墓群，其中"M4 墓室后端发现西汉铜五铢钱与东汉五铢钱各一枚；M6 出土铜五铢钱 10 枚、铁五铢钱 2 枚。M7 随葬品中残留有剪边五铢钱，小半两铜钱"④。

（二）广西贺州地区

广西地区潇贺古道沿线出土的汉代墓葬和钱币主要分布在今广西东北部富川瑶族自治县、钟山县、昭平县、贺州市等地区。20 世纪 50 年代以来，由于"基建"的需要，广西钟山县、昭平县、贺州市等地区陆续发掘了当地的古墓群，出土了铜器、陶器、玉器、铁器等大量文物，其中钱币属于铜器，出土情况如下：

1. 钟山铜盆西汉墓

2010 年 3 月至 7 月广西文物保护与考古研究所与钟山县文物管理所及广西师范大

① 中国考古学会. 中国考古学年鉴 [M]. 北京：文物出版社，1986：180.
② 周世荣. 湖南零陵李家园发现新莽墓 [J]. 考古，1964（9）：478.
③ 湖南省文物管理委员会. 湖南零陵东门外汉墓清理简报 [J]. 考古通讯，1957（1）：29.
④ 周世荣. 湖南零陵出土的东汉砖墓 [J]. 考古，1964（9）：481–482.

学历史文化与旅游学院师生在钟山县对铜盆汉墓群进行了发掘，其中西汉中期 M18 出土五铢钱 6 枚；M20 出土五铢钱 1 枚，锈蚀严重，仅存小半；M35 出土五铢钱 8 枚；M53 出土五铢钱 3 枚；西汉晚期墓 M12 出土五铢钱 8 枚。[①] 这些货币共 26 枚，出土时均有不同程度的锈蚀。根据出土钱币钱文的区别可将其分为三式。Ⅰ式钱币字文笔画较粗，坚挺有力，"五"字交笔缓曲，"金"字头为菱形，（见图 3 之①），"金"字四点较为模糊，应为武帝时期上林三官铸造的钱币。Ⅱ式字文笔画较Ⅰ式细，"五"字竖画较Ⅰ式略有加长，"金"字头为三角形，且"金"字四点较为清晰，应是汉元帝时期上林三官铸造的钱币（见图 3 之②）。Ⅲ式钱币"五"字形成两个对头炮弹形，"金"字头呈锐角三角形，四点近圆而小，"五铢"二字排列整齐，应是元帝时期的五铢钱。铜盆汉墓群中还出土了 4 件带有五铢钱戳印纹的陶器，说明此时五铢钱作为钱币使用已经深入人心，用带有五铢钱戳印的陶器陪葬，以期墓主人在死后的世界继续享用财富。

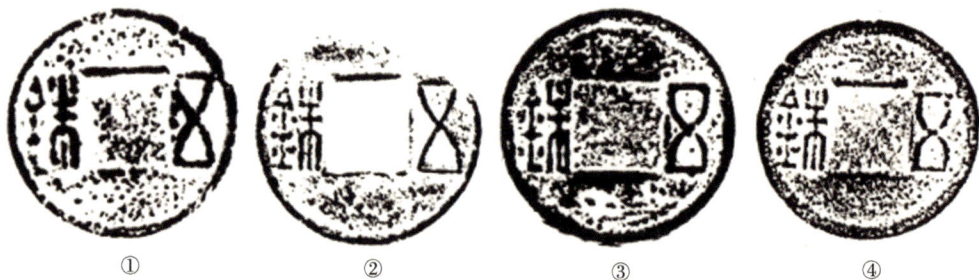

①　　　　　　　②　　　　　　　③　　　　　　　④

图 3　钟山铜盆汉墓出土五铢钱的拓本[②]

2. 贺县河东高寨西汉晚期木椁墓

1975 年 12 月及 1976 年 6 月至 11 月，广西壮族自治区文物工作队与贺县文化局先后在贺县铺门公社河东高寨发掘了汉墓群 9 座，清理 M1、M3、M6 3 座西汉晚期墓时出土"五铢钱 7 枚"[③]。从五铢钱的拓本来看，钱文较规矩严谨，"五""铢"二字修长，风格较一致。从五铢钱的字文来看，"五"字形成两个对头炮弹形，"金"字头呈三角形，四点近圆而小，应是元帝时期铸造的五铢钱。

———————————

①　广西文物保护与考古研究所，钟山县文物管理所. 钟山铜盆汉墓［M］. 北京：科学出版社，2018：37.

②　图片来源：广西文物保护与考古研究所，钟山县文物管理所. 钟山铜盆汉墓［M］. 北京：科学出版社，2018：37.

③　广西壮族自治区文物工作队. 广西文物考古报告集（1950—1990）［M］. 南宁：广西人民出版社，1993：379.

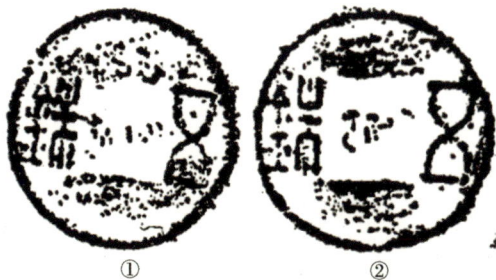

① ②

图4 贺县西汉晚期墓出土五铢钱的拓本①

3. 昭平东汉墓群

1963年全区文物考古普查时在昭平发现东汉墓群,广西壮族自治区与昭平文物管理所于1963年试掘黄姚公社界塘大队的2座古墓,并在1976—1978年在北陀公社的乐群、风清两地发掘古墓24座,这些东汉墓群共出土货币"约867枚,其中半两1枚、五铢855枚、大泉五十2枚、货泉9枚等"②。昭平东汉墓出土的货币不但品种多,而且时间跨度较长。半两钱出土于风清1号墓,无廓,肉厚,"直径2.2厘米、孔径0.7厘米,重2.5克"③(见图5之①),"两"字作双"人"字形,"半"字两横平齐,应是西汉文景时期的钱币。报告中认为五铢钱分赤仄五铢、东汉五铢及剪轮五铢三式,共855枚。赤仄五铢为广西汉墓中首见,1枚,无廓,"五铢"二字为反文,铢字的"金"字头呈锐尖三角形,"直径2.3厘米、孔1厘米×0.9厘米、厚0.9厘米,重2.1克"④(见图5之②)。其实,从钱币拓片看,该枚五铢钱应是东汉六朝时期的私铸钱,"五铢"二字左右颠倒,钱币学上一般称之为"传形五铢",根本不是西汉时期的赤仄五铢。东汉五铢铜质既轻且薄,"五"字交笔处弯度较大,形成两个对头炮弹的形状,"金"字头呈三角形,四点较长,字文较平整,不似西汉五铢坚挺。"钱径2.35~2.6厘米、孔径0.9厘米、肉厚0.05~0.1厘米。重1~2克者为最多,占60%以上;3克以上者较少。"⑤ 剪轮五铢大小不一,"有的是利用西汉五铢磨廓而成,有的是利用东汉五铢磨廓而成。绝大多数不仅磨掉外廓,而且还磨掉肉部,有的磨掉了'铢'字的'金'字旁或'五'字的一半,少数仅磨掉外廓。重量都不超过2克,共217枚"⑥。昭

---

① 图片来源:广西壮族自治区文物工作队.广西文物考古报告集(1950—1990)[M].南宁:广西人民出版社,1993:376.

② 广西壮族自治区文物工作队.广西文物考古报告集(1950—1990)[M].南宁:广西人民出版社,1993:401.

③ 广西壮族自治区文物工作队.广西文物考古报告集(1950—1990)[M].南宁:广西人民出版社,1993:401.

④ 广西壮族自治区文物工作队.广西文物考古报告集(1950—1990)[M].南宁:广西人民出版社,1993:401.

⑤ 广西壮族自治区文物工作队.广西文物考古报告集(1950—1990)[M].南宁:广西人民出版社,1993:401.

⑥ 广西壮族自治区文物工作队.广西文物考古报告集(1950—1990)[M].南宁:广西人民出版社,1993:401.

平东汉墓群出土的货币包括西汉小半两、大泉五十、货泉、东汉五铢、私铸五铢、剪边五铢等，说明此时广西地区货币的使用与中原地区相比存在一定的滞后，但同时从侧面说明东汉时期广西地区的商品经济得到了发展，中原货币大量流入广西。

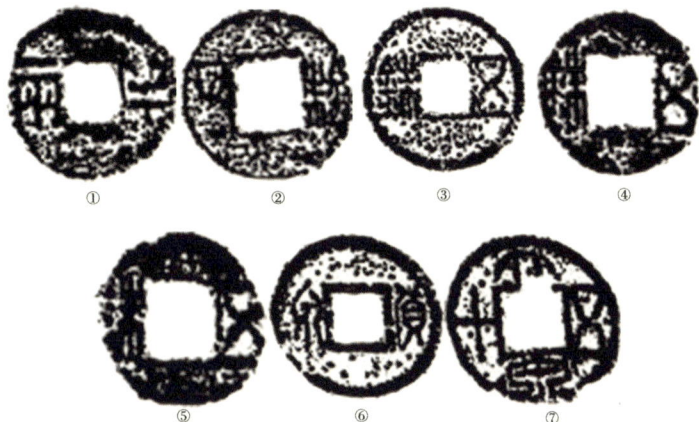

图 5　昭平东汉墓出土五铢钱的拓本①

4. 钟山县张屋东汉墓

1994 年 7 月至 8 月广西壮族自治区文物工作队与钟山县博物馆在钟山县张屋、牛庙古墓群发掘了墓葬 23 座，出土"部分铜钱，因锈蚀严重，字迹模糊无法辨认，但从残痕看应为五铢钱。埋葬时，大部分可能是用绳穿在一起，也有一部分盛以木盒"②。

5. 钟山伏船岭东汉石室券顶墓

2002 年 9 月广西壮族自治区与钟山县博物馆的文物工作者在钟山县伏船岭发掘了东汉晚期石室墓 1 座，出土"铜钱 73 枚，锈蚀严重，部分已残碎，辨别出来的有 11 枚为五铢、1 枚为货泉，其余的难以辨认。铜钱置于墓室的两侧，其中在右侧的铜钱分布零散，共 32 枚，有五铢、剪轮五铢、货泉等。在左侧前端转角处放置了一摞铜钱，计有 45 枚，直径一般为 1.8 厘米，均为剪轮五铢。墓室左侧后端有 2 枚五铢钱。五铢钱的直径在 2.4～3 厘米。货泉铜钱直径为 2.1 厘米"③。普通五铢钱直径根本到不了 3 厘米，一般在 2.5 厘米上下，此处应为误记。从五铢钱的钱文来看，都属于东汉五铢，可分为四式。Ⅰ式五铢钱文较清晰，"五""铢"二字较为宽大，字文布局疏朗。其中

---

①　图片来源：广西壮族自治区文物工作队. 广西文物考古报告集（1950—1990）[M]. 南宁：广西人民出版社，1993：401.

②　广西文物考古研究所. 广西文物考古报告集（1991—2010）[M]. 北京：科学出版社，2012：412.

③　广西壮族自治区文物工作队. 广西考古文集：第 2 辑 [M]. 北京：科学出版社，2006：365.

铢字的"金"头呈等腰三角形，"金"字四点较长，字文线条较软，应为东汉时期官铸五铢（见图6之①）。Ⅱ式五铢较Ⅰ式五铢少了近三分之一的铜（见图6之②），Ⅲ式五铢较Ⅰ式五铢少了二分之一的铜（见图6之③），Ⅳ式五铢较Ⅰ式五铢少了三分之二的铜（见图6之④）。剪轮五铢盛行于东汉后期，较西汉磨廓取铜的方法更为简单方便。从拓片来看，Ⅱ式五铢属于磨郭钱，仅磨掉外部以取铜。Ⅲ式和Ⅳ式五铢应是按照剪边钱样式直接铸造的减重钱币，钱币学上称之为"铸对文钱"或"铸剪边钱"，比剪边钱更直接。

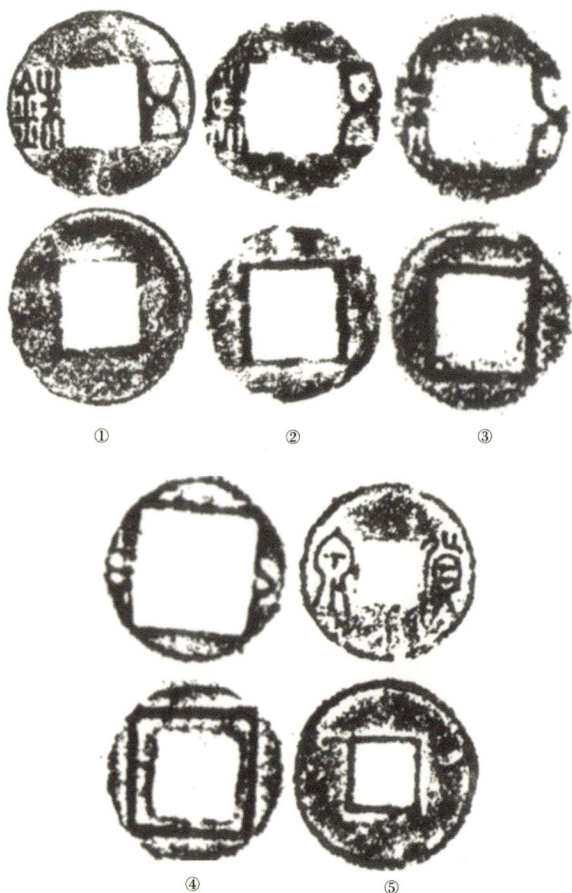

① ② ③

④ ⑤

图6　钟山伏船岭汉墓出土五铢钱的拓片①

①　图片来源：广西壮族自治区文物工作队．广西考古文集：第2辑［M］．北京：科学出版社，2006：366.

6. 昭平白马山东汉中期石室墓

2004 年 11 月至 2005 年 1 月，广西壮族自治区考古队与昭平县文物管理所在昭平白马山发掘了东汉中期石室墓 1 座，编号为 M15，出土"铜钱 2 枚，其中一枚铭文已锈蚀不能辨，但可看出是剪轮钱；另外一枚为五铢钱"[①]。

潇贺古道沿线地区汉墓中出土的钱币类型与中原铸造的钱币类型基本一致，由此可知该地钱币应来源于中原地区。东汉墓中出土的货币形制较为混乱，既有西汉时期的半两、五铢，也有新莽时期的大泉五十、货泉，还有剪边五铢、铸剪边钱和铁五铢。潇贺古道沿线地区出土的汉半两、西汉五铢、东汉五铢、大泉五十、货泉等货币与两汉时期货币演变脉络基本一致，同一时期广西出土货币多且延续时间长的地区包括桂林漓江流域沿线地区、合浦地区及潇贺古道沿线地区，说明汉代潇贺古道沿线地区商贸的繁荣。

四、对潇贺古道出土钱币的认识

从以上出土资料可知，潇贺古道沿线地区出土的钱币不但种类丰富，而且数量繁多。钱币种类包括西汉早期的半两钱、五铢钱、磨廓五铢，王莽时期的大泉五十、货泉，东汉时期的五铢钱、剪轮五铢等，除此之外还出土有作为冥币使用的泥五铢、陶五铢。上述钱币有具体数字可统计的可达数百至上千枚：广西昭平东汉墓出土钱币约857 枚、永州市鹞子山出土五铢钱约 2 000 枚。其他汉墓也有不少钱币出土，由此可见潇贺古道沿线地区出土钱币的数量较多。

为更全面地了解潇贺古道沿线地区的经济发展情况，现将潇贺古道出土的货币情况制表做进一步分析，如表 1 所示。

表 1 潇贺古道沿线地区出土钱币一览表

墓葬所属年代	墓葬名称	出土钱币种类			
		半两（枚）	五铢钱（枚）	货泉（枚）	大泉五十（枚）
西汉中期	西汉"刘疆"墓	无	约 2 000	无	无
	钟山铜盆 M20	无	1	无	无
	钟山铜盆 M35	无	8	无	无
	钟山铜盆 M53	无	3	无	无

---

① 广西文物考古研究所. 广西考古文集：第 3 辑 ［M］. 北京：文物出版社，2007：390.

（续上表）

墓葬所属年代	墓葬名称	出土钱币种类			
		半两（枚）	五铢钱（枚）	货泉（枚）	大泉五十（枚）
西汉晚期	钟山铜盆 M12	无	8	无	无
	贺县河东 M1、M3、M6	无	7	无	无
新莽时期	零陵新莽时期砖券墓	无	与大泉五十同出，共 3 串，50 余枚	无	仅 1 枚完好可辨认
东汉初期	零陵东门外东汉墓	无	6	无	无
东汉中期	昭平白马山东汉中期石室墓	无	2	无	无
东汉晚期	昭平东汉墓群	1	855	9	2
	钟山伏船岭东汉石室券顶墓	无	11	无	1

注：表中数据皆引自原考古发掘报告，因前文已注释，故此处不再注释。永州市鹞子岭一号西汉墓、永州市鹞子岭二号西汉墓、永州市鹞子岭 M30、零陵东汉券顶砖墓、钟山张屋东汉墓因货币无具体数值，故不列入表中。

（一）反映了汉代潇贺古道沿线地区商品经济的发展

一个地区出土钱币数量的大小、品种的多少是该地区经济发展状况较为客观的反映。西汉早期潇贺古道沿线尚未发现钱币，说明此时潇贺古道沿线地区甚少贸易往来。自汉武帝元鼎六年（前111）统一岭南以来，潇贺古道沿线地区流入了大量的钱币，经济开始发展，货币作为支付手段流通，象征当地财富的增长。两汉时期盛行"事死如事生"的丧葬观念，汉墓之中往往会发现众多珍贵的器物和钱币，墓葬之中随葬物品的珍贵程度和随葬钱币的多少往往反映了墓主人的身份地位。由于出土钱币保存的环境不同，各墓之间出土钱币存在不平衡的现象，最少的仅出土 1 枚货币，最多的达到 2 000枚。但与钱币共出的器物都精致美观，不似一般平民墓葬出土的器物，可见这些墓主人非富即贵。这些出土的货币及遗物从侧面反映汉武帝统一岭南之后，潇贺古道沿线地区的商品经济和钱币经济有了初步的发展。潇贺古道沿线地区出土有西汉中期至东汉晚期的钱币，表明潇贺古道沿线地区在岭南统一以后一直与中原地区有着直接或间接的经贸往来。

表1的数据显示汉代潇贺古道沿线地区的钱币经济是呈波浪式发展的，出现了两个峰值，一是西汉中期"刘疆"墓出土了约2 000枚五铢钱，二是东汉晚期昭平汉墓群出土了约855枚货币。西汉中期出现五铢钱数量多的原因在于贵族墓葬的奢华，而东汉晚期出土钱币数量多则可能与当时潇贺古道贸易来往频繁有关。西汉以来潇贺古道沿线地区出土钱币均为单一的五铢钱，从王莽时期至东汉晚期，潇贺古道沿线地区出土的货币种类开始增多，包括半两钱、西汉五铢钱、大泉五十、货泉、东汉五铢、剪边五铢等。潇贺古道沿线地区出土的王莽时期货币中只发现大泉五十和货泉，其余未见出土。可见王莽时期改制太快，一些钱币未来得及在古道沿线地区流通就被废除了，同时说明大泉五十和货泉是当时广为流通的钱币。潇贺古道沿线地区出土东汉以来货币种类更为丰富说明了该地区与中原地区的经济往来日益密切，与汉代政府对潇贺古道的经营密切相关。

（二）钱币与城市发展相互促进

城市的产生和发展是以生产力和商品经济发展为基础的，也是商品经济发展的必然结果。汉武帝在元鼎五年（前112）设置苍梧郡，包括"广信、谢沐、高要、封阳、临贺、端谿、冯乘、富川、荔浦、猛陵"① 十个县城；元鼎六年（前111）设置零陵郡，包括"零陵、营道、始安、夫夷、营浦、都梁、泠道、泉陵、洮阳、钟武"② 十个县城。潇贺古道沿线有七个县城和一个侯国，县城由南至北分别为广信（今广西梧州）、谢沐（今湖南江永）、封阳（今广西贺州）、临贺（今广西贺州）、冯乘（今湖南江华）、富川（今广西富川、钟山一带）、营浦（今湖南道县），侯国为泉陵（今湖南永州市）。从城市的功能来看，潇贺古道沿线地区既有郡治和地方县治城镇，如泉陵、临贺等，也有军事城堡类型的城镇，如谢沐和封阳。郡治和县治的职能在于管理区域内的百姓，军事城堡类型的城镇职能在于保证汉王朝对岭南地区的统治。两者有一共同职能，即保证岭南地区经济的发展。郡治和县治类的城镇是商品的集散地，为商品销售提供固定的场所；军事类的城镇为商旅的安全和商路的畅通提供保障。潇贺古道沿线城镇一般为道路的要塞或水陆交通汇集之处，既能保证商路畅通，又能为沿途的商人提供统一的贸易场所。

通过对潇贺古道钱币出土地点的整理可以发现，潇贺古道钱币出土地点主要集中在今永州市、贺州市、梧州市、钟山县一带，古道沿线的钱币大量出土说明当时潇贺

---

① 班固. 汉书［M］. 北京：中华书局，1962：1629.
② 班固. 汉书［M］. 北京：中华书局，1962：1596.

古道沿线商品经济得到了一定的发展。城市是一个地区的经济、政治、文化中心，也是一个区域内钱币经济发展的标志。商贸的往来促进了城市的繁荣，同时城市也为商品经济的发展提供了重要保证。

（三）潇贺古道在海上丝绸之路经贸往来中起了重要作用

《岭南走廊：帝国边缘的地理和政治》一书的作者认为潇贺古道北接洞庭湖，南接番禺下南海，是海上丝绸之路的重要部分[①]。西汉中期以后，海上交通和贸易呈现活跃的情景，这在考古发现方面得到了印证。在广州、贵县（今广西贵港市）、长沙等地墓葬中，经常发现玻璃、玉髓、琥珀、鸡血石和水晶等玉石配饰。其中有一部分属于国内的工艺品，另一部分则系从南海输入。[②]

这些来自海外的珍品在潇贺古道沿线地区汉墓中也有发现，其中湖南永州市零陵区鹞子岭二号西汉墓出土金串饰 5 颗、玉璧 2 件、料串珠 22 颗[③]；永州市东郊鹞子岭 M30 出土一批水晶、玛瑙珠等[④]；广西贺州河东高寨西汉前期墓出土玛瑙珠 9 粒，玻璃珠 30 粒[⑤]；贺州高寨西汉晚期墓出土玛瑙珠 52 粒、玻璃珠 22 粒[⑥]；零陵造纸厂附近东汉砖墓 M2 出土长条棱边水晶珠 2 颗、枣形酱色玛瑙珠 4 颗、扁圆形琥珀珠 7 颗、兽形琥珀珠 1 颗[⑦]；零陵东门外东汉砖墓出土镂空金珠 1 颗、琥珀珠 9 颗、玛瑙珠 5 颗、银珠 22 颗、水晶珠 6 颗、玻璃珠 2 颗[⑧]；广西昭平东汉墓群出土玛瑙珠 8 件、琥珀珠 5 件[⑨]；钟山伏船岭东汉墓出土红色玛瑙料珠 1 颗[⑩]。

潇贺古道沿线地区出土的饰品以玛瑙、琥珀、玻璃居多，《广西出土汉代玻璃器的考古学与科技研究》一书的作者研究发现广西出土的玻璃器来源可能有三，分别是印度、东南亚地区、地中海或西亚地区。同时指出一些玻璃是由外来技术影响下岭南当地所制造的产品。[⑪] 至于琥珀的来源，《汉书》认为罽宾国出"封牛……珠玑、珊瑚、

---

① 彭兆荣，李春霞．岭南走廊：帝国边缘的地理和政治 [M]．昆明：云南教育出版社，2008：46.

② 中国科学考古研究所．新中国的考古收获 [M]．北京：文物出版社，1961：82.

③ 湖南省文物考古研究所，永州市芝山区文物管理所．湖南永州市鹞子岭二号西汉墓 [J]．考古，2001 (4)：59.

④ 中国考古学会．中国考古学年鉴 [M]．北京：文物出版社，1986：180.

⑤ 广西壮族自治区文物工作队．广西文物考古报告集（1950 - 1990）[M]．南宁：广西人民出版社，1993：376.

⑥ 广西壮族自治区文物工作队．广西文物考古报告集（1950—1990）[M]．南宁：广西人民出版社，1993：379.

⑦ 周世荣．湖南零陵出土的东汉砖墓 [J]．考古，1964（9）：480.

⑧ 司马迁．史记 [M]．北京：中华书局，1963：29.

⑨ 广西壮族自治区文物工作队．广西文物考古报告集（1950—1990）[M]．南宁：广西人民出版社，1993：402.

⑩ 广西壮族自治区文物工作队．广西考古文集（第 2 辑）[M]．北京：科学出版社，2006：365.

⑪ 熊昭明，李青会．广西出土汉代玻璃器的考古学与科技研究 [M]．北京：文物出版社，2011：5.

虎魄、璧琉璃"[①] 等物,《后汉书》言大秦"多金银奇宝,有夜光璧、明月珠、骇鸡犀、珊瑚、虎魄、琉璃"[②] 等。汉代文献多称琥珀为"虎魄",且认为琥珀多来源于罽宾国和大秦。余英时先生认为汉代中国琥珀的供应,一个可能的来源地是云南—缅甸交界区,另一个可能的来源地是波罗的海。[③] 可见琥珀的来源包括了陆上丝绸之路和海上丝绸之路。广西合浦的汉墓中也发现有琥珀,如合浦望牛岭西汉木椁墓出土琥珀配饰片 5 件,琥珀印章 1 件[④]。潇贺古道作为当时岭南出海口的承接处,东可通珠江进到今广州,西可联郁江,经北流江、南流江入合浦,与汉代海上丝绸之路港口连成一线,其地出土的琥珀不排除来自海外的可能性。

钱币作为支付、贮藏的手段,是商品流通之时不可或缺之物。潇贺古道沿线地区水晶、玛瑙、琥珀等饰品及钱币的出土说明了潇贺古道不仅是中原地区与岭南地区沟通的纽带,也是汉代海上丝绸之路与内陆对接的路线之一。潇贺古道既是交通要道,更是一条货币经济带。潇贺古道的开通促进了岭南和中原地区的交流,加速了货币的流通,同时也加强了中原地区与东南亚各国的贸易往来。潇贺古道因其特殊的地理位置,连接了海上丝绸之路与中原地区,促进了本地区商品经济的发展。

五、结语

便利的交通是商品经济发展的有力保障,潇贺古道水陆并用,经过两汉时期的开发,逐渐形成了便利的水陆交通网络。西汉中期以来货币通过潇贺古道开始大量流入沿线地区,出土的钱币既是当时人民财富积累的一种表现,也是该地区经济发展的有力证明。潇贺古道沿线地区处于湘、粤、桂交界地带,受到汉代统治者的重视,经济发展既得益于中原地区及湖南地区的促进,又受到了海上丝绸之路的辐射,楚、越、中原及海外文化在此交汇,对当地文化产生了深远的影响。

（本文为广西钱币学会 2018—2019 年度学术课题"学生研究项目"结项成果）

① 班固. 汉书［M］. 北京:中华书局,1962:3885.
② 范晔. 后汉书·卷三十三［M］. 北京:中华书局,1965:2919.
③ 余英时. 汉代贸易与扩张［M］. 上海:上海古籍出版社,2005:149.
④ 广西壮族自治区文物考古写作小组. 广西合浦西汉木椁墓［J］. 考古,1975（5）:29.

试论广西出土的三国两晋货币

倪云麒

（广西师范大学历史文化与旅游学院）

摘 要： 20 世纪 50 年代以来，广西陆续出土了相当数量的三国两晋时期货币，分布区域较大，时间跨度较长，已经有了较多的出土资料。资料中体现了多窖藏而少随葬，桂东发现多而桂西发现少、出土发现钱币种类多样等几大特点，经考证成因，上述特点反映了汉晋时期战争频繁、海上丝绸之路始发港东移、盛行薄葬传统、统治者推行大钱和实物货币等社会经济现象。

关键词： 三国两晋；货币研究；古代货币；区域经济

随着东汉统一政权的衰落，中国于三国两晋时期陷入了大分裂状态，北方地区战乱频繁，生产凋零，社会经济遭受了较大的破坏。而江南地区受战乱影响较轻，大量北方人口"衣冠南渡"，迁徙至南方定居，移民带来的先进生产经验，使南方地区经济获得了长足发展。在这一时期内，地处岭南的广西也得到了进一步开发。1949 年以来广西出土的三国两晋时期货币，反映了这一特殊历史时期的经济情况。对这些出土货币进行系统研究考辨，可以窥见三国两晋时期广西区域内的货币经济情况和特点，了解该时期独特的货币经济现象。此前学者们论及广西三国两晋时期的货币经济特点，多归结为受战乱、经济发展水平不高等因素的影响，而通过整理出土材料归纳特点，可得出一些新的思考。具体论述如下，以求做进一步讨论。

一、广西出土的三国两晋货币及其特点

（一）广西三国两晋货币的出土资料

在广西考古发掘资料和民间出土记录中，三国两晋时期各政权的通行货币均有发现。该时期货币以从墓葬和窖藏中发现为主，现搜集到三国两晋货币的出土时间、出土地点、货币数量和种类等资料的情况如表 1 所示。另外在文献资料中提到蒙山县、

藤县等地的货币窖藏中也发现了以直百五铢为代表的三国时期货币，但出土时间地点与货币种类等尚不清楚①。

表1　广西出土三国两晋货币情况表

时间	地点	货币种类	数量
1974 年	平乐县银山岭晋墓 M140	五铢钱	3 枚
1981 年	荔浦县兴坪汉晋货币窖藏	西汉八铢半两、西汉四铢半两、西汉五铢、剪轮五铢、鸡目五铢、大泉五十、货泉、东汉剪轮五铢、东汉綖环钱、东汉五铢、直百五铢、"直百"钱、定平一百、大平百钱、沈郎五铢	共15千克
1982 年	贺县芒栋岭东吴墓 M1	大泉五百	7 枚
1983 年	兴安县界首汉晋墓	五铢钱	1 串
1989 年	全州县大西江乡月塘村窖藏	五铢、太平百钱、"直百"钱、太平百钱、沈郎五铢	约3千克
1997 年	平乐县沙子镇治平乡庙背岭货币窖藏	汉五铢、剪轮五铢、綖环五铢、直百五铢、大泉五十、货泉、"直百"钱、定平一百、太平百钱、太平金百、沈郎五铢、蜀五铢、四铢半两、传形半两、平字五铢、两柱五铢、铁直百五铢等	共40余千克
2003 年	合浦县岭脚村三国墓	半两、五铢、剪轮五铢、货泉	近百枚
2005 年	阳朔县高田晋墓	五铢、剪轮五铢	25 枚

（二）广西三国两晋货币的出土特征

从上文搜集的资料可以看出，广西三国两晋时期货币的出土特征，根据埋藏情况可以分为墓葬出土、窖藏出土两种情况。

墓葬出土方面的特征是：货币在墓葬中的发现少，三国两晋时期特有的货币发现更少，而且种类单一。广西出土有货币并经过考古发掘可以断定为三国魏晋时期墓葬的共有四处，分别位于平乐、阳朔、贺县（今贺州）、合浦。货币的出土地点直观反映了该货币的流通地区，三国两晋之前的两汉时期是古代广西经济的一个高峰，西汉、东汉各种五铢钱的发现地点遍布广西。但是发现三国两晋时期政权铸币的地点仅呈点

---

① 章新乐．广西出土五铢钱考辨［J］．区域金融研究，2018（2）：85－90．

状散落分布于广西东北部的桂林、贺州、梧州和南部的合浦县，与汉代相比，货币的出土区域明显缩小了，出土数量更是难以望其项背。该时期墓葬中的发现多与汉半两钱、五铢钱等其他时期货币伴出，有的甚至不见三国两晋时期政权的铸币，如合浦县岭脚村三国墓是有明确断代的三国时期墓葬，其中发现有半两、五铢、剪轮五铢、货泉，均为前代旧钱。其余的发现有：平乐县银山岭晋墓M140发现五铢钱3枚、贺县芒栋岭东吴墓M1发现大泉五百7枚、兴安县界首汉晋墓发现五铢钱一串。这三处的量也并不多，无法与汉代墓葬的出土货币量相比。

窖藏出土方面，由资料可知，窖藏的地点共有三处，全部位于广西东北部的今桂林市辖区内，详细出土记录如下：

（1）荔浦县的兴坪汉晋货币窖藏。1981年3月，广西荔浦县兴坪公社兴坪大队一社员，在屋后社头山一个露天石灰岩小洞穴中发掘出一堆成串叠放的古铜钱，重约15千克。经广西壮族自治区博物馆鉴定，认为这批铜钱埋藏于距今一千五百多年前的东晋时期。以两汉的五铢居多，新莽钱次之。其中有西汉前期铸造的八铢半两钱和四铢半两钱，有"铢"字作方折的西汉五铢钱和西汉晚期的剪轮五铢以及小五铢钱；有新莽时代的大泉五十和货泉；有东汉前期及中期的五铢钱（少数正面有一星），有东汉晚期的剪轮五铢（个别背面有一"平"字）、剪轮小钱及綖环钱；有三国时蜀国刘备的直百五铢和"直百"钱以及吴国孙亮的定平一百、大平百钱及小样大平百钱；还有东晋沈充所铸的沈郎五铢等，共二十余种，保存有货币拓片（见图1）[①]。

（2）平乐县沙子镇治平乡庙背岭货币窖藏。1997年元月，桂林地区平乐县沙子镇治平乡庙背岭山边距地表0.5米处发现窖藏铜钱约30千克。周庆忠老师等人征集到40余千克货币，这批钱大都成串锈结，大小不一，绝大多数是汉五铢、剪轮五铢、綖环五铢，还有直百五铢、大泉五十、货泉、"直百"钱、定平一百、太平百钱、太平金百、沈郎五铢、蜀五铢、四株半两、传形半两、平字五铢、两柱五铢、铁直百五铢等。其中发现"直一"钱一枚，以及更为少见的面六柱五铢、五十、小样四出五铢、薄小五铢各一枚，均保留拓片（见图2）[②]。

（3）全州县大西江乡月塘村窖藏。此处窖藏无专门报告著录，相关发现见于《全州县志》，"种类绝大部分为五铢，也见三国两晋钱，如晋代的'太平百钱'，三国蜀汉刘备铸'直百五铢'另见平当五铢钱，沈郎钱'五金'等"[③]，县志中不见所出货币的图像。

窖藏出土货币的第一个特征是出土范围进一步缩小了，由墓葬出土范围的桂东郡

---

① 于凤芝. 广西荔浦县发现汉—晋窖藏古铜钱［J］. 文物，1984（11）：40.
② 周庆忠. 桂林平乐县发现南朝货币窖藏［J］. 中国货币，2000（2）：36.
③ 全州县志编纂委员会. 全州县志［M］. 南宁：广西人民出版社，1998：7.

县，缩小到今桂林市周边的荔浦、平乐、全州，呈现出从桂东部、桂东南部向桂东北缩小集中的趋势，表现出大量货币进一步向桂东北集中的特征。

第二个特征是窖藏出土的货币与两汉货币的大量发现相比仍居少数，但无论是货币的数量还是种类，三国两晋的窖藏都超过了同时期的墓葬。货币种类方面，墓葬中出土的货币种类单一，数量较少；窖藏出土的种类庞杂，数量较多。以荔浦兴坪汉晋货币窖藏出土货币为例，该窖藏出土有不同版别重量的太平百钱三种，同时出土了蜀"直百"钱和直百五铢，早至西汉的半两、五铢钱，晚至东晋的沈郎五铢。在货币数量方面，窖藏的发现一次以千克计量，单个墓葬所出的数枚货币无法与其相比。值得注意的是，窖藏出土货币表现出的这些变化并不是广西所独有，放眼全国，三国两晋时期的货币大多呈现出墓葬中发现数量少、种类繁多、版别不统一的特征。[①]

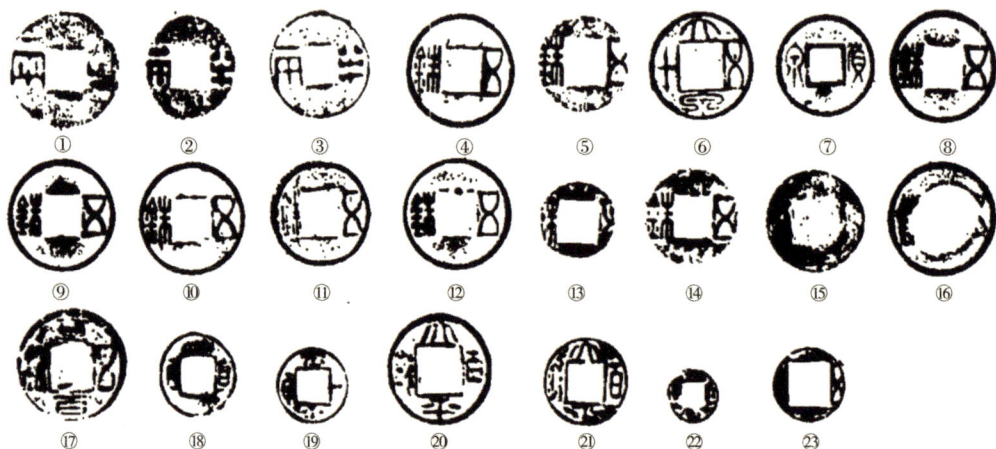

图 1　荔浦兴坪汉晋货币窖藏出土钱币的拓片

注：①西汉八铢半两；②西汉加重四铢半两；③西汉四铢半两；④西汉五铢；⑤西汉剪轮五铢；⑥新莽大泉五十；⑦新莽货泉；⑧⑨⑩⑪东汉五铢；⑫东汉五铢面星；⑬东汉剪轮小钱；⑭东汉剪轮五铢；⑮东汉剪轮五铢背平字；⑯东汉綖环钱；⑰蜀直百五铢；⑱蜀"直百"钱；⑲定平一百；⑳规制大平百钱；㉑减重大平百钱；㉒大平百钱小样；㉓东晋沈郎五铢。

---

① 陶嫄. 两晋货币史的考古学观察［D］. 安徽：安徽大学，2017.

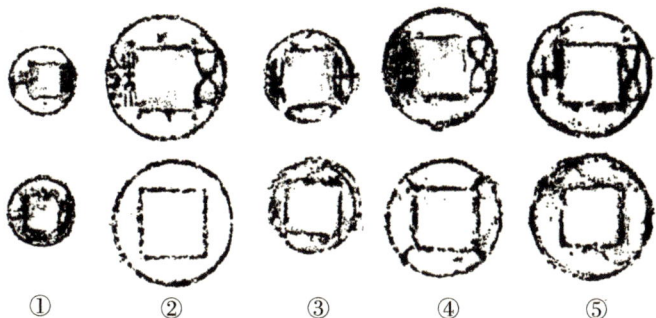

图2　平乐沙子镇庙背岭货币窖藏出土钱币的拓片

注：①"直一"钱；②六柱五铢；③薄小五铢；④四出五铢小样；⑤五十。

二、出土货币反映的社会情况

（一）战争导致的货币量缩减

广西出土的三国两晋货币数量少，反映了当时流通货币量大幅降低，应是北方地区连年战争造成民生凋敝对南方地区的影响。秦汉时期，岭南地区当地没有金属铸币点，绝大部分流通于广西的金属铸币是通过贸易交换等手段从北方流入的。事实上，广西与中原王朝的朝贡贸易、互市贸易古已有之。《墨子·节用中》记载"古者尧治天下，南抚交趾"。《逸周书》中记载："伊尹受命……于是四方令曰：正南瓯邓、桂国、损子、产里、百濮、九菌，诸令以珠玑、玳瑁、象齿、文犀、翠羽、菌鹤、短狗为献。"其中的"交趾""桂国"大致是今日的广西地区。除此之外，商周时期的中原风格青铜器在广西也有发现。始皇三十三年（前214），岭南地区并入中原王朝，置桂林郡、南海郡、象郡，首次成为大一统国家的一部分，与中原地区的往来更加频繁了。汉承秦制，武帝平定南越，分岭南为九郡，官府制度与中原无异，四方商贾在岭南畅行无阻，甚至远达南洋，推动了海上丝绸之路的空前繁荣。岭南、海南岛与越南北部形成了环北部湾货币流通圈，该货币流通圈作为汉代货币流通圈的一部分①，巨量的汉代五铢钱在其中流通使用。王莽篡汉，改立新朝，前后共进行了四次币制改革，导致经济秩序混乱不堪，中原百姓深受其害。但岭南情况不同："王莽末，交趾诸郡闭境自守。岑彭素与交趾牧邓让厚善，与让书，陈国家威德；又遣偏将军屈充移檄江南，班行诏命。于是让与江夏太守侯登、武陵太守王堂、长沙相韩福、桂阳太守张隆、零陵

① 廖国一. 汉代环北部湾货币流通圈与海上丝绸之路——以环北部湾地区中国与越南汉代墓葬出土钱币为例[J]. 广西金融研究，2006（S1）：40-46.

太守田翕、苍梧太守杜穆、交趾太守锡光等相率遣使贡献。"① 这段记述是说，在王莽篡位建立新朝期间，岭南地方官吏邓让、侯登等人封疆自治，东汉建立后又回归统一，故岭南地区的流通货币受王莽币制改革的冲击很小，两汉时期一以贯之，只以五铢钱为法定流通货币。这才有后来广西出土的巨量汉代五铢钱。

东汉末年，北方地区受战乱影响，官方的铸币场所已经不能维持，加之为盘剥百姓、筹集战争物资，所制货币薄小质劣，一时间通货膨胀，盗铸四起，原有的足值货币也被大量回炉熔毁。五铢钱既已被断绝铸造源头，也无法在全国范围内正常通行。面对此种情况，曹魏政权于黄初二年（221）正式废除了五铢钱的流通使用，改用实物货币，蜀国、吴国也各自发行了自己的大额金属货币。政权更迭导致货币形态的剧烈变化明显地体现在出土器物上。相较北方，广西地处西南边陲，远离汉末各割据政权的核心区域，且当时广西的商品交换整体还不发达，内部的汉代五铢钱保留量已足资使用，故这一时期的新铸币如蜀国钱、吴国钱等在广西发现的并不多。

（二）海上丝绸之路起点东移

广西三国两晋货币出土发现较少反映了汉末海上丝绸之路起点向东迁移的情况，《汉书》记载："自日南障塞、徐闻、合浦船行可五月，有都元国；又船行可四月，有邑卢没国；又船行可二十余日，有谌离国；步行可十余日，有夫甘都卢国；自夫甘都卢国船行可二月余，有黄支国，民俗略与珠崖相类。其州广大，户口多，多异物，自武帝以来皆献见。有译长，属黄门，与应募者俱入海市明珠、璧流离、奇石异物，赍黄金、杂缯而往。所至国皆禀食为耦，蛮夷贾船，转送致之。亦利交易，剽杀人。又苦逢风波溺死，不者数年来还。大珠至围二寸以下。平帝元始中，王莽辅政，欲耀威德，厚遗黄支王，令遣使献生犀牛。自黄支船行可八月，到皮宗；船行可二月，到日南、象林界云。黄支之南有已程不国，汉之译使自此还矣。"② 这段记述说明，至晚在汉代，合浦和日南、徐闻都是中国南方的重要港口，汉王朝的使者和贸易商人由此出发，从海路前往南亚、东南亚诸国。东汉以后，合浦港因多种原因逐渐衰落，海上丝绸之路的起点向东偏移③。孙权于黄武五年（226）把岭南划分为交州、广州，以期分置岭南诸郡使其互不统属，从而加强朝廷对这一地区的统治。后来广州逐渐成为全岭南地区的统治中心和海上丝绸之路的首要起点港口，广西在全国的政治经济地位较汉

① 司马光等：资治通鉴·卷四十一 [M]．北京：中华书局，1962.
② 班固：汉书·卷二十八下·地理志·第八下 [M]．北京：中华书局，1962.
③ 陈洪波．浅析三国之后合浦港衰落的原因 [J]．桂林师范高等专科学校学报，2010，24（3）：72 - 76.

代有所下降。地理重要性的下降导致自三国至唐代，各割据政权的金属铸币均较少在广西发现。

（三）薄葬风气盛行

广西三国两晋货币的出土较两汉货币大大减少，反映了三国两晋时流行薄葬的社会风气。两汉时期"罢黜百家，独尊儒术"，儒家的"事死如事生"观念对当时的丧葬习俗产生了深远影响，直接导致了汉代崇尚厚葬的社会风气。《晋书》记载："汉天子即位一年而为陵。天下供赋三分之，一供宗庙，一供宾客，一充山陵。汉武帝享年久长，比崩，而茂陵不复容物，其树皆已可拱。赤眉取陵中物不能减半，于今犹有朽帛委积，珠玉未尽。"[1] 皇帝耗费全国一年贡赋的三分之一用来修筑皇陵，随葬之物应有尽有，王公大臣至黎民百姓无不上行下效，尽力于葬，形成了中国史上前所未有的厚葬时代。

薄葬风气始于东汉末年的儒生，特别是自诩清流的名士，他们一方面反对厚葬奢侈之风，另一方面以身作则，崇尚薄葬，反对奢靡。据《后汉书》记载，当时名士张奂、李固、范冉、杨震、王堂、郑弘、赵咨、袁闳、赵岐、卢植、樊宏、梁腾、邓腾、马融等人皆遗令薄葬。[2] 三国时统治阶级开始倡导薄葬，魏国的曹操、曹丕都曾明令禁止厚葬，并在曹魏皇室中形成了薄葬的制度。吴国、蜀国虽未以法令形式禁止厚葬，但刘备、孙权和他们的臣子如诸葛亮、吕蒙等人都在去世前遗命薄葬。三国时期形成的薄葬风气，对后代的葬俗产生了深刻影响，这在两晋尤为明显，晋朝的奠基者司马懿、司马师都遗令薄葬，直到东晋行将终结，薄葬之风才稍稍消退。广西虽地处偏远，但深受各政权统治核心地区的风俗影响，包括时兴的薄葬风气，故三国两晋时的墓葬稀见出土货币。

（四）汉晋时期的大钱发行与实物货币变革

从出土实物及史料文献来看，三国时曹魏未开铸货币，蜀汉铸造有"直百"钱和直百五铢二品，孙吴铸有大泉五百、大泉当千、大泉二千、大泉五千四品。此外，太平百钱、太平金百、定平一百等货币的隶属虽有争论，但主要观点集中在蜀钱说、吴钱说两种，将此二品定为三国时期货币已无疑问。广西发现的三国两晋时期货币，大多数是与邻近时期其他政权的货币一同被发掘出来的，且没有统一的重量标准和版式。

---

① 房玄龄，等：晋书·卷60·解系传［M］. 北京：中华书局，1974.
② 徐国荣. 东汉儒学名士薄葬之风和吊祭活动的文化蕴涵［J］. 东方论坛（青岛大学学报），2000（4）：23－26.

除了上文提到的汉代广西大量流通五铢钱产生了货币存量惯性外，这一现象还反映了汉晋鼎革时期货币形态的变迁，主要体现在两个方面，即实物货币的官方化和吴国金属货币大额化。

首先是实物货币使用和流通的逐渐官方化。实物货币也称货币商品，是原始阶段物物交换的产物，《中国货币发展史》导言中这样说明实物货币：像牲畜、皮毛、贝壳、盐块、粮食、工具、布帛等，这是最初的货币，世界上处于原始社会末期这一发展阶段的各个民族都普遍地使用过这种货币形态。[①] 秦汉以前，广西尚未纳入中国大一统版图，散居在大山中的少数民族部落绝大部分交易是以实物货币为媒介进行的，在今南宁市武鸣区一带崖洞葬中发现的大量海贝，就是一种曾流通于广西的实物货币。东汉灭亡后，五铢钱即失去了国家性结算手段的功能，但实物货币作为纯粹民间的经济流通手段却得以重获新生：布帛作为新的国家性结算手段开始发挥作用。[②] 曹魏首先废除金属铸币，改用实物货币，后来接连发生了曹魏灭蜀汉，西晋取代曹魏、吞并孙吴短暂统一等历史事件，这一货币史上的重大改变影响了三国以后数百年的货币形态。蜀国虽铸货币，但史料中对其记述为"初攻刘璋，备与士众约：'若事定，府库百物，孤无预焉。'及拔成都，士众皆舍干戈，赴诸藏竞取宝物。军用不足，备甚忧之。巴曰：'易耳。但当铸直百钱，平诸物贾，令吏为官市。'备从之，数月之间，府库充实"[③]，表明此次铸币行为不是为了将货币当作流通手段在民间大范围使用，而仅仅只许在"官市"流通，是带有独特目的的铸币行为。另外，从文献记述仍可找出以实物货币作为政权结算手段的证明："亮曰：'街亭军退，兵将不复相录，箕谷军退，兵将初不相失，何故？'芝答曰：'云身自断后，军资什物，略无所弃，兵将无缘相失。'云有军资余绢，亮使分赐将士，云曰：'军事无利，何为有赐？其物请悉入赤岸府库，须十月为冬赐。'亮大善之。"[④] 这段记述明确指出蜀汉军队把绢当作"军资"，将其与"什物"分开别论，蜀汉实物货币的使用情况由此可见一斑。东吴的赋税资料保存了当时的货币情况，长沙走马楼吴简《嘉禾吏民田家莂》中记载了东吴政权征收不同田赋的标准，共列出了米、布帛、钱三种应缴税赋。[⑤] 此外还有与东汉相类似，以钱为主的人头税。[⑥] 实际上，东吴货币经济与曹魏、蜀汉有别，流通使用上更偏向铜钱，呈现出实物与铸币并行流通的形态。《三国志》中关于东吴铸钱、用钱的记述很多，有一条尤

① 宋杰. 中国货币发展史［M］. 北京：首都师范大学出版社，1999：1.
② 柿沼阳平. 中国古代货币经济史研究［M］. 东京：汲古书院，2011.
③ 陈寿. 三国志·蜀书·刘巴传［M］. 裴松之，注. 北京：中华书局，2006.
④ 陈寿. 三国志·蜀书·赵云传［M］. 裴松之，注. 北京：中华书局，2006.
⑤ 走马楼简牍整理组. 长沙走马楼三国吴简·嘉禾吏民田家莂［M］. 北京：文物出版社，1999.
⑥ 柿沼阳平. 孙吴货币经济的结构和特点［J］. 中国经济史研究，2013（1）：23 – 43，175.

其值得注意："廞病卒，无子，妻寡居，诏在所月给俸米，赐钱四十万。"[1] 士廞是三国时交州望族士燮的长子，他死后，朝廷赏赐其妻四十万钱，可见吴国的货币可用作赋税、赏赐等，在边境州郡如交州，货币仍然在流通使用。

其次是吴国金属货币大额化。吴国铸造的货币无小钱，面值之巨前所未见。在实际发现的实物中，面值最小的吴国货币是"大泉五百"，按面文，一枚可当五百枚五铢钱，最大的面值"大泉五千"甚至达到了一枚当五千枚小钱。三国时，广西大部归吴国统属。贺县芒栋岭东吴墓 M1 一次出土七枚大泉五百，与同时期同类墓葬相比实属较多。虽然如此大面额的货币在流通过程中注定会沦为虚值货币，但在流通之初，必然要有相当数量的小钱可供兑换，辅助使用，实现等值，才能被百姓认可，实现流通，即一枚大泉五百需要五百枚小平货币用以辅用。嘉禾五年（236），孙吴首次开铸大额货币"大泉五百"，为配合新币流通，广西区域内部诸如汉代的各类五铢、王莽货币、蜀国货币、剪凿加工过的各类綖环钱、文钱等"小钱"逐渐在东部商品经济较发达、交通便捷的地区如桂林、贺州、梧州、合浦等地集中起来，随着时间推移进一步流向东北部经济发达区域，原来的偏远地区则在官方准许下流通实物货币，变相地恢复了以物易物的传统。后历两晋而至南朝，广西乃至全国的商品经济再无法和两汉时相比，孙氏的大额货币也渐渐沦为虚值货币，集中到东部、北部的货币再不能扩散。这样，就形成了广西发现的三国两晋货币种类繁杂、标准不一，且分布尤集中于东部、北部县市的现象。

三、结论

1949 年以来广西有关三国两晋货币的出土记录呈现出墓葬发现数量少、种类及标准不统一、出土地点仅分布于桂东郡县等几大特点，这反映了三国两晋时期广西受战乱影响，与中原王朝联系减少，区域内继续通行汉代遗留的巨量五铢钱；合浦港衰落和海上丝绸之路起点东移；滥觞于东汉的薄葬传统风行的社会情况。而窖藏中出土货币种类、标准不统一，出土地点向桂东北逐渐收缩的特点则反映了广西三国两晋时期，因割据政权推行使用实物货币，带来以物易物传统的回归，以及孙吴政权铸造大额货币需要集中"小钱"以助发行的社会货币经济情况。

（本文为广西钱币学会 2018—2019 年度学术课题"学生研究项目"结项成果）

---

① 陈寿. 三国志·吴书·士燮传［M］. 裴松之，注. 北京：中华书局，2006.

"敦博〇七六"文书广西地域研究

何湘梅

（广西壮族自治区博物馆）

摘　要：以敦煌市博物馆藏"敦博〇七六"文书为中心，辅以广西考古发掘所见的银铤、铜钱，结合前人对唐代岭南道用银、产银制度的研究成果，绘制唐代广西地区（桂管、容管、邕管）的银钱并用分布图，从分布图和文书的对照表明：唐代广西地区同时使用白银和铜钱作为流通货币，是唐代独特的地区；唐代广西的商贸活动建立在水运的基础上；随着航海技术的提高，唐代广西地域的沿海港口地位较汉代有所下降；由于邕州特殊的地理位置、容州的商业极为发达，唐代广西地域的经济地位不在扬州、广州等地之下。

关键词：敦煌文书；广西；唐代；银钱并用

一、岭南道：唐帝国内独特而唯一的银钱并用区域

唐代货币流通的基本特征之一是"钱帛兼行"，其中，钱是以"开元通宝"为代表的铜钱，帛是以丝织品为代表的实物，这是一种金属货币和实物货币并行流通的货币制度，一直为学界所公认。顾炎武论述的"唐宋以前，上下通用之货，一皆以钱而已，未尝用银"，多被后人引用。但随着编号为"敦博〇七六"的敦煌文书的发现，为唐史研究提供了一份珍贵的史料，在唐帝国的岭南道出现了对顾炎武关于唐宋以前无银钱论述的史实上的反驳。

在这份唐天宝初年的文书中，记载了唐帝国五道下各个府与县城的地理概况和公廨本钱数额，其中四道的公廨本钱都以铜钱作为支付手段和计量标准，唯一例外的情况出现在岭南道。

岭南道下属的五府六十八州中，除桂府（始安郡，位于今广西壮族自治区）、广府（南海郡，位于今广东省）两府以铜钱为本府公廨本钱外，另外的安南（位于今越南北部）、容府（普宁郡，位于今广西壮族自治区）、邕府（郎宁郡，位于今广西壮族自治区）三府尽数以白银为本府公廨本钱，即岭南道次级行政府衙中60%使用白银作为货

币流通中的放贷手段与资本。这在其他四道中是见不到的，表明这是唐帝国内一个独特而唯一银钱并用的区域；加上考古、文物资料的不断发现及与"敦博〇七六"敦煌文书中所载内容相互印证，唐代岭南道（今日广西地域）的商业支付手段与规模正展现在世人眼前。

二、"敦博〇七六"敦煌文书概况

此敦煌文书出自敦煌石室，现藏于敦煌市博物馆，出土时间不详。1943年向达在敦煌邮局见到此文书后，在《西征小记》中做了报道。现阶段主流的观点认为，此文书约成文于唐天宝初年（742或743），早于《通典》《元和郡县志》等经典地志；其中对于盛唐诸州（府）县公廨本钱的记载，是迄今敦煌文献仅见；而此敦煌文书中关于岭南道五府（桂府、广府、安南、容府、邕府）六十八州的部分，虽有缺失，但仍是研究唐代岭南道历史的稀见史料。马世长特别指出"应该特别说明的是此卷地志的岭南道，它与其他四道又有所不同，如该道仅连州有土贡，其余诸州均失载；此卷地志中几处县名更改但年代无改或记载抵牾者，均在岭南道，该道所领州数、州名与《唐六典》所载差异较大；州县公廨本钱数额与开元年间的数额差别较多，凡此种种，可能与本卷岭南道所依据的原底本有关"①。文书内岭南道内桂府、容府、邕府的资料，是研究唐代广西历史不可替代的史料（见图1）。

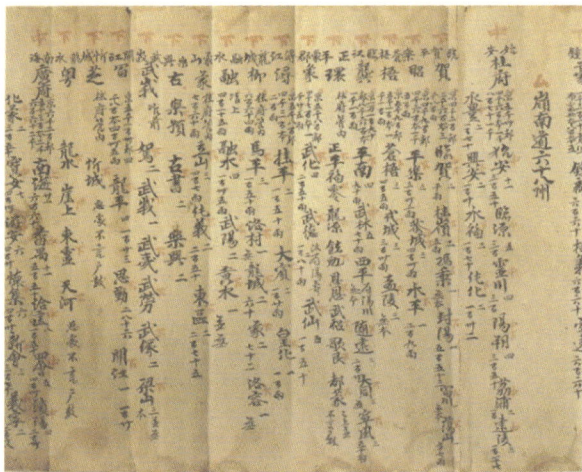

图1 "敦博〇七六"文书实物局部

① 马世长.敦煌县博物馆藏地志残卷：敦博第五八号卷子研究之一［M］//北京大学中国中古史研究中心.敦煌吐鲁番文献研究论集.北京：中华书局，1982.

1999 年，为纪念敦煌藏经洞发现一百周年，甘肃省文物局等以扫描本的形式刊出此文书，定名为"敦博〇七六 地志"①，岭南道在其图录的 7－4 至 7－7，兹录如下（见图 2 至图 5）。

图 2　"敦博〇七六"地志 7－4

图 2 中所见内容为："【中】桂府（始安）京五千卅，都四千六百。本一千八百七十一千。"

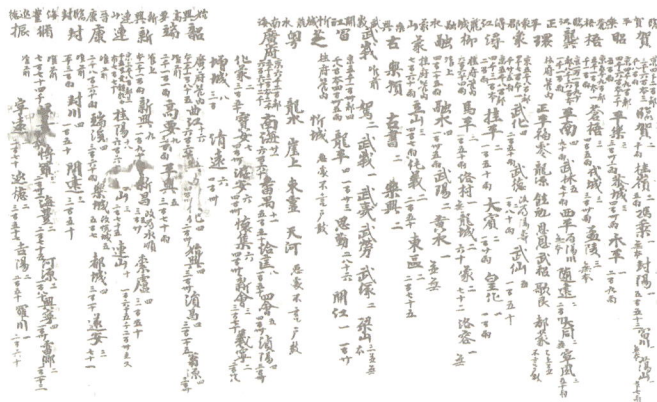

图 3　"敦博〇七六"地志 7－5

① 段文杰. 甘肃藏敦煌文献：第 6 卷［M］. 兰州：甘肃人民出版社，1999.

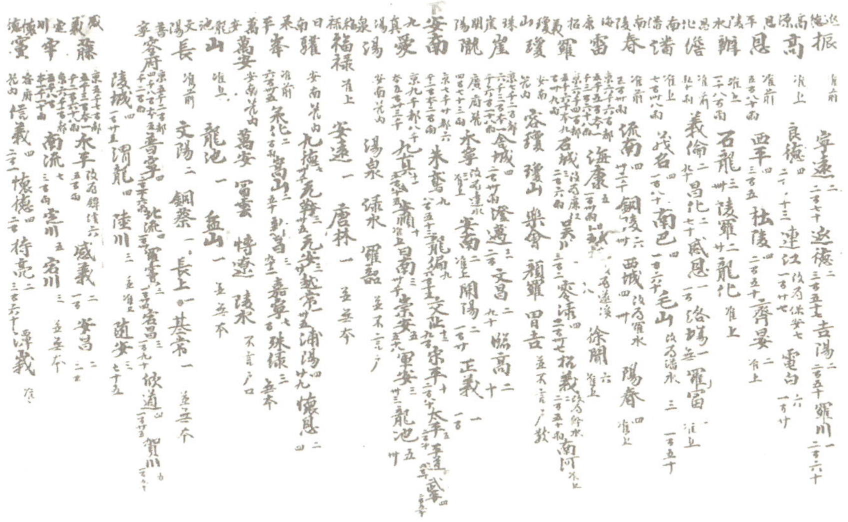

图4 "敦博〇七六"地志7-6

图5 "敦博〇七六"地志7-7

三、馆藏唐代广西地域（桂管、容管、邕管）银铤、铜钱与其他文物概况

现阶段所见的唐代广西地域（桂管、容管、邕管）银钱并用相关文物流传有序者，银铤集中于陕西地区，铜钱集中于广西南宁、桂林地区，为后续论述行文方便，兹做简略介绍如下：

（1）朗宁郡贡银银铤（743）。① 现藏于西安博物院，1956 年陕西省西安市市郊第一砖瓦厂出土，铤上刻铭文："朗宁郡都督府天宝二年贡银一铤重伍拾两朝仪郎权怀泽郡太守权判太守兼管诸军事上柱国何如璞专知官曹参军陈如玉陈光远□□仙。"

（2）容管经略司使贺冬银铤（880）。② 现藏于陕西历史博物馆，1962 年陕西省蓝田县西南巩村康庄出土，铤上刻铭文："容管经略使进俸广明元年贺冬银一铤重二十两"，"容管经略招讨处置等使臣崔焯进"。

（3）岭南道税商银银铤。③ 现藏于陕西历史博物馆，1977 年征集，长条形，铤正面刻楷书铭文："岭南道税商银五十两官秤"，旁刻铭文："郎陵郡"。长 25 厘米，宽 7 厘米，厚 1.2 厘米，重 2 107 克。

（4）阳朔县限税银铤。④ 现藏于桂林市钱币学会，铤正面刻铭文："阳朔县天拾府□前限税伍拾两壹铤专知官裴知言典徐延匠吴直"。长 28.4 厘米，宽 7 厘米，厚 1.1 厘米，重 2 020 克。

（5）鸳鸯绶带纹银盘。⑤ 现藏于陕西历史博物馆，1980 年陕西省蓝田县汤浴杨家沟出土，盘底刻铭文："桂管臣李杆进""七两半""捌两""捌""美""小贞"。

（6）开元通宝。现藏于广西壮族自治区博物馆，1977 年广西壮族自治区南宁市西乡塘区出土，总重 60 千克。

（7）开元通宝。⑥ 现藏于南宁市博物馆，1982 年广西壮族自治区南宁市那洪乡南蛇岭出土，总计 804 枚，直径 2.5 厘米，孔径 0.6 厘米。

---

① 贾效谊. 西安东北郊挖掘出土天宝年间杨国忠等进献的遗物［J］. 文物参考资料，1957（2）：19.

② 朱捷元. 陕西蓝田出土的唐末广明元年银铤［M］//文物编辑委员会. 文物资料丛刊 1. 北京：文物出版社，1977：30.

③ 周伟洲. 西安等地出土唐代银铤、银饼和银板研究［M］//周伟洲. 汉唐气象：长安遗珍与汉唐文明. 北京：中国社会科学出版社，2013：110－122.

④ 广西钱币学会. 大唐银脉：唐代广西银铤［M］//广西钱币学会. 八桂泉珍——广西重要历史货币 60 件. 南宁：广西科学技术出版社，2018.

⑤ 樊维岳. 陕西蓝田发现一批唐代金银器［J］. 考古与文物，1982（1）：46－51.

⑥ 叶浓新. 广西南宁市郊出土窖藏钱币［J］. 考古，1987（6）：567，571.

（8）乾元重宝。^①现藏于南宁市博物馆，1982 年广西壮族自治区南宁市那洪乡南蛇岭出土，总计 9 枚，直径 2.2～2.4 厘米。

（9）开元通宝。现藏于南宁市博物馆，1983 年广西壮族自治区南宁市那洪乡坟李村出土，总计 1 620 枚，大部分胶结在一起，字迹清晰，均无磨损痕迹。

（10）广西唐墓的一些补充材料。广西壮族自治区内所发掘唐墓数量有限，有明确纪年的唐墓仅见桂林市兴安县红卫村一座，其年代为贞观十五年（641），但墓中并无铜钱或银铤出土；另有梧州历年发掘的 16 座唐墓，均无明确纪年物出土，墓中也未陪葬铜钱或银铤。

四、唐代公廨本钱与流通货币、地方经济的关联

唐代的公廨本钱是唐高祖武德元年（618）制定文武官吏俸禄制度钱，可以视为官方的高利贷，作为高利贷，自然会以地方流通货币和支付手段为参考目标客户，所以其设置便反映了当地的流通货币、支付手段的主要方式。而公廨本钱设置的多少，客观上是该地地方经济的反馈，所以从"敦博〇七六"文书中可以看到，凡是经济发达的地区（如广府、扬州等地），其公廨本钱也随之增加，而经济欠发达的地区（如桂府），其公廨本钱甚至无法达到唐帝国的法定限额。

五、唐天宝初年广西地域（桂管、容管、邕管）银钱使用区域分布

按"敦博〇七六"文书内容，将广西地域（桂管、容管、邕管）中以铜钱和银为公廨本钱的州、县整理成表 1。

表 1　广西地域（桂管、容管、邕管）公廨本钱表

郡州	州公廨本钱		县	县公廨本钱	
	钱（千）	银（两）		钱（千）	银（两）
始安桂府	1 871				
			始安	350	

---

① 叶浓新. 广西南宁市郊出土窖藏钱币［J］. 考古，1987（6）：567，571.

（续上表）

| 郡州 | 州公廨本钱 | | 县 | 县公廨本钱 | |
	钱（千）	银（两）		钱（千）	银（两）
			临源	300	
			灵川	300	
			阳朔	350	
			荔浦	100	
			建陵	117	
			永丰	170	
			兴安	130	
			永福	170	
			纯化	132	
临贺 贺		3 800			
			临贺		1 000
			桂岭		5
			○冯乘		
			★封阳	553	
			富川		
			荡山		97
平乐 昭		1 500			
			平乐		333
			恭城		430
			永平		209
苍梧 梧		1 100			
			苍梧		450
			戎城		300
			孟陵		

（续上表）

郡 州	州公廨本钱		县	县公廨本钱	
	钱（千）	银（两）		钱（千）	银（两）
临江 龚		1 100			
			平南		90
			武林		70
			〇西平		
			随建	220	
			〇大同		
			宁风		50
正平 环					
			◎正平		
			◎福零		
			◎龙源		
			◎饶勉		
			◎思恩		
			◎武名		
			◎歌良		
			◎都蒙		
象郡 象		1 025			
			武化		250
			武德		180
			武仙		150
浔江 浔		200			
			桂平		150
			大宾		120
			皇化		100

（续上表）

郡州	州公廨本钱		县	县公廨本钱	
	钱（千）	银（两）		钱（千）	银（两）
龙城 柳		664			
			马平		150
			○洛村		
			龙城	60	
			象	72	
			○洛容		
融水 融		415			
			融水		135
			◎武阳		
			○黄水		
蒙山 蒙		760			
			立山		407
			纯义	250	
			东区	275	
乐兴 古					
			◎乐预		
			○古书		
			◎乐兴		
武峨 武峨					
			◎如马		
			◎武峨		
			◎武夷		
			◎武劳		

（续上表）

郡州	州公廨本钱		县	县公廨本钱	
	钱（千）	银（两）		钱（千）	银（两）
			◎武缘		
			◎梁山		
开江富		435			
			龙平	123	
			思勤	86	
			开江	120	
忻城芝					
			◎忻城	恶处不言户数	
龙水粤					
			◎龙水		
			◎崖上		
			◎东灵		
			◎天河	恶处不言户数	
普宁容府		5 200			
			普宁		216
			北流	130	
			罗宝	124	
			宕昌	190	
			欣道	125	
			贺川	150	
			陵城	125	
			◎渭龙		
			◎陆川		
			随安	75	

（续上表）

郡州	州公廨本钱		县	县公廨本钱	
	钱（千）	银（两）		钱（千）	银（两）
感义藤		1 268			
			永平		500
			感义	100	
			安昌	300	
定川牢		1 010			
			南流		300
			◎定川		
			○宕川		
怀德窦					
			信义	210	
			怀德	200	
			特亮	360	
			⊙潭峨		
常山绣					
			常林	53	
			河林	84	
			◎罗绣		
安乐严					
			◎安乐		
			◎思封		
			◎高城		
			◎石严		

（续上表）

郡州	州公廨本钱		县	县公廨本钱	
	钱（千）	银（两）		钱（千）	银（两）
连城 义		970			
			龙城		130
			永业	130	
			连城	150	
平琴 平琴					
			◎安仁		
			◎怀义		
			◎福阳		
			◎古符		
合浦 廉	1 300				
			合浦	250	
			太廉	200	
			蔡龙		
			封山	350	
郁林 □					
			◎石南		
			◎兴业		
			◎潭票		
			◎信丘		
			◎兴德		
			◎郁平		
玉山 陆	185				
			□雷	120	

（续上表）

郡州	州公廨本钱		县	县公廨本钱	
	钱（千）	银（两）		钱（千）	银（两）
			玉山	150	
南昌白					
			博白	100	
			南昌		
			建□	100	
			龙豪	100	
			周罗	150	
⊙					
			◎善劳		
			◎善交		
			◎怀仁		
			◎宁仁		
温水禺					
			鹅石		200
			温泉	200	
			◎扶莱		
			○陆川		
朗宁邕府		4 300			
			宣化	100	
			武缘	160	
			晋兴	130	
			朗宁	130	
			思龙	80	
			封陵	130	
			⊙如和		

（续上表）

郡 州	州公廨本钱		县	县公廨本钱	
	钱（千）	银（两）		钱（千）	银（两）
怀泽 贵		1 585			
			郁林		135
			怀泽	180	
			马岭	230	
			潮水	100	
安城 宾	51				
			岭方	65	
			琅琊	20	
			安城	24	
宁越 夕		260			
			内亭		100
			遵化	120	
			南宾	34	
			钦江	80	
			〇安京		

注：⊙表示残破无法辨识，◎表示恶处不言户数不言本钱的县，〇表示无公廨本钱的县，★表示需参考岭南道总图的县。

关于岭南道使用铜钱作为公廨本钱的县份与地域，王承文曾指出，虽然以铜钱为公廨本钱的广州、韶州、连州和桂州等在唐代确实是岭南经济发展水平比较高的地区，但是不能由此得出铜钱流通区一定比白银流通区经济发达的结论，因为在极为荒僻的绣州和海南振州，也是以铜钱作为公廨本钱的。①

但通过对表1和图6的研判可以发现，在岭南道使用铜钱为公廨本钱的州、县，其实具有明显的规律，以图6体现得最为明显，即使用铜钱为公廨本钱的县都集中在

① 王承文．论唐代岭南地区的金银生产及其影响［J］．中国史研究，2008（3）：45－66.

岭南道重要的水路通道和陆路通道上，并且形成六条以广州为终点、在岭南道内通过水路连接的线路，其中三条与自秦汉以来进入岭南的主要路线重合。

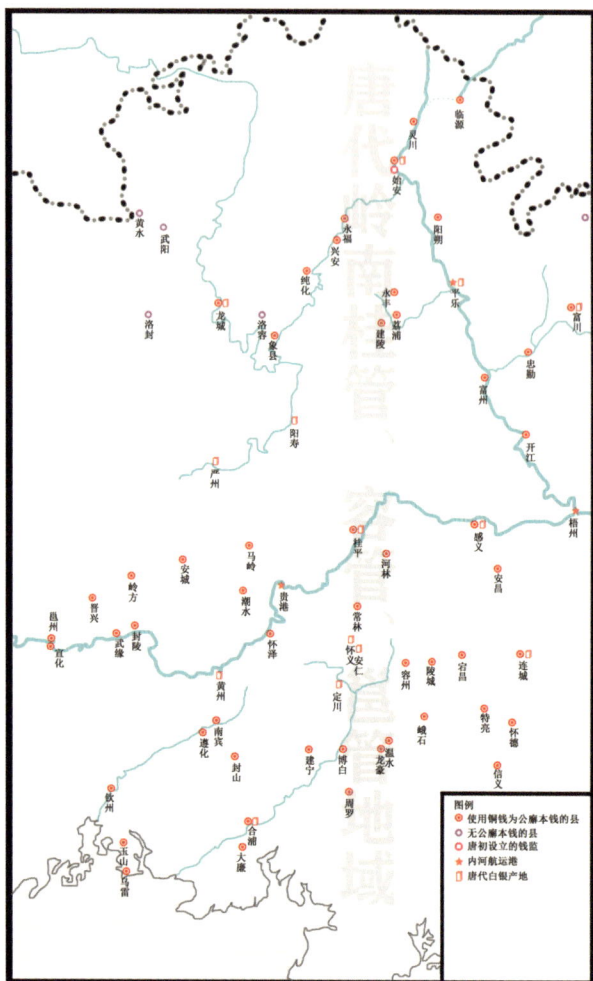

图6　广西唐代公廨本钱总图

这种水路沿线贸易繁荣的情景，也符合唐代"天下诸津，舟航所聚，旁通巴、汉、前指闽、越，七泽十薮，三江五湖，控引河洛。兼包淮海。弘舸巨舰。交贸往还，昧旦永日"[①] 的记载，所谓"前指闽、越"的"越"就是岭南道五府，可见，史书记载和公廨本钱的分布，相互印证着唐帝国商业繁荣与水路运输的关联。

---

① 刘昫，等. 旧唐书·卷九四·崔融传［M］. 北京：中华书局，1975.

基于本文只讨论唐代广西地域（桂管、容管、邕管）的情况，对鄂州—虔州—韶州—广州一线及潮州—循州—广州一线的情况只有结论性说明而不做详细论述。这两条线路是从唐帝国东部进入广州的贸易路线，其中的鄂州—虔州—韶州—广州一线更是有唐一代进入岭南道的最重要通道，"8 世纪时，有鉴于以广州为中心的海外贸易有利可图，发展迅猛，自幼生长在南越之地，同时也全力支持南方商人的宰相张九龄，于公元716 年 12 月受命修筑一条翻越大庾岭、较为平坦的新路"，"而海外诸国，日以通商，齿革羽毛之殷，鱼盐蜃蛤之利"①，这是很明确的一条以通商为目的的路线。而且该路线与江南东西两道相连，已经完全融入唐帝国的贸易体系中，贸易时使用唐帝国通行货币的铜钱作为支付手段是必然选择，沿途公廨本钱的设置都是用铜钱也是顺应需求。

而唐代广西地域（桂管、容管、邕管）的情形，也基本与鄂州—虔州—韶州—广州一线相同，只是这三条路线多了广西地域（桂管、容管、邕管）的特点：

第一条线路从桂北的桂府（始安郡）开始，即衡州—永州—桂府—梧州—广州一线，这是从湘江—灵渠—漓水—西江全程水路到广州进行贸易的路线（鄂州—虔州—韶州—广州一线在大庾岭必须走陆路）。桂州自古就是岭南道独特的存在之一，也是唐帝国进入岭南道最西的端口，通过灵渠与湘江流域相连接，号称"风烟连楚郡"，同时其文化上"俗比华风，化同内地"，与唐帝国的相似性大于其差异性。"岭南地壤辽阔，其间宜有地域差异，然而史料对此语焉不详。显然，在中原文化的观照下，当时岭南内部的相似性远远大于其差异性。只有两个地方显得较为特别，即桂柳二州，在唐人眼中，此地在文化上较为接近中原"②。

这条路线又另含两条支线：一条是桂柳运河支线，这是唐长寿元年（692）开凿的相思埭运河，是唐代珠江流域最重要的水运工程③，为沟通桂府与桂西北的水路交通而开凿，位于临桂相思江与良丰江之间，东入漓江、西连相思江与洛清江，入柳江，通过相思埭运河，黔、桂、粤三省可相连，从而极大改善了三省的通航条件④。在这条支线上的永福、纯化等地也使用铜钱作为公廨本钱，其中的象县更是区别于柳州（龙城郡）其他县而使用铜钱为公廨本钱，与前文的推论相吻合。另一条是从荔浦地区通过荔江进入漓江的水路，这条路线上的永丰、建陵等地也使用铜钱作为公廨本钱（见图7）。

① 薛爱华 . 朱雀：唐代的南方意象 ［M］. 程章灿，叶蕾蕾，译 . 北京：生活·读书·新知三联书店，2014.
② 张伟然 . 唐人心目中的文化区域及地理意象 ［M］//李孝聪 . 唐代地域结构与运作空间 . 上海：上海辞书出版社，2003.
③ 孙光圻，张后铨，孙夏君，等 . 中国古代航运史 ［M］. 大连：大连海事大学出版社，2015.
④ 诸锡斌 . 地学·水利·航运 ［M］. 南宁：广西科学技术出版社，1996.

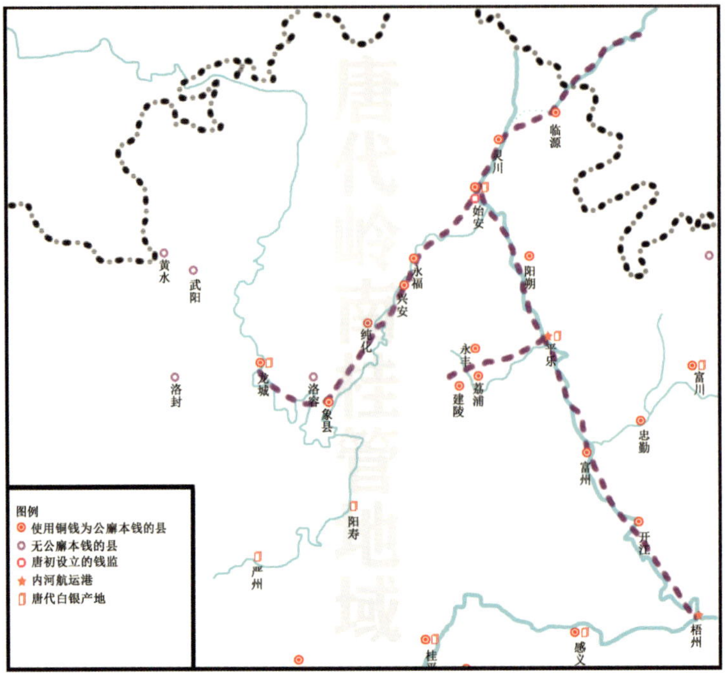

图 7　桂江流域贸易线

　　第二条线路连接了使用铜钱为公廨本钱的县，即安南—合浦—容府—梧州—广州一线。这条路线是汉代海上丝绸之路的延续，是岭南道内较为平坦易行的陆路、水路区域，与后世两广之间的铁路、高速公路的设计施工路线几乎一致，足见历史的延续性。但到了宋代以后，随着航海技术的发展，合浦逐渐退化成北部湾内海贸易港，失去了海上丝绸之路始发港的地位，这条贸易路线的重要性也日渐下降，终不复唐代的辉煌（见图8）。

　　第三条线路，从使用铜钱为公廨本钱的县所见，是整个岭南道最长而且繁复的贸易路线，即安南—钦州—邕州（贵县）—梧州—广州一线，这一线不仅包括邕州融入唐帝国的贸易路线，也包括从邕州向西北进入今贵州、云南的贸易路线，同时这段路线周边还是唐帝国重要的金银产地。另外，自唐代开始的岭南道茶叶生产区（邕州、钦州、古州、安南）也在这条贸易线上。这条繁复的贸易线，促成了唐代邕州贸易的繁荣，使得这段贸易线上公廨本钱的设置额度较衡州—永州—桂府—梧州—广州一线为高（见图9）。

　　在南宁发现的开元通宝窖藏和陕西税收银铤应该就是这个时期邕州银钱并用的实证。

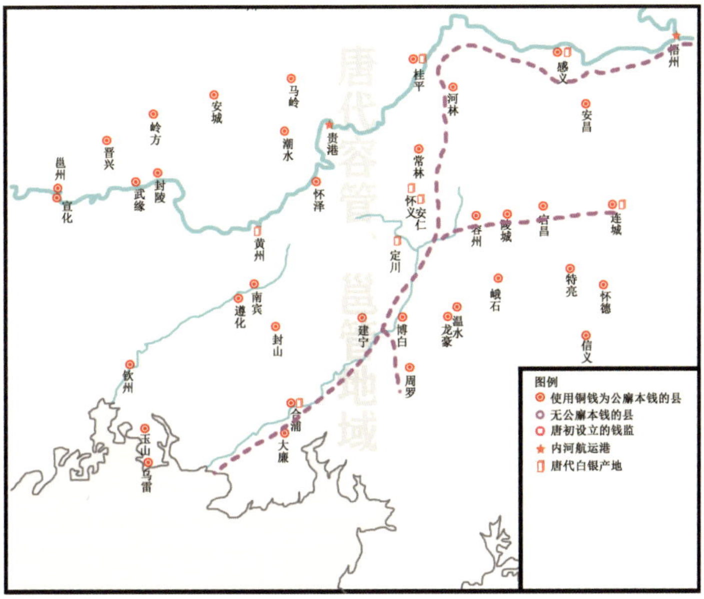

图8　合浦江流域贸易线

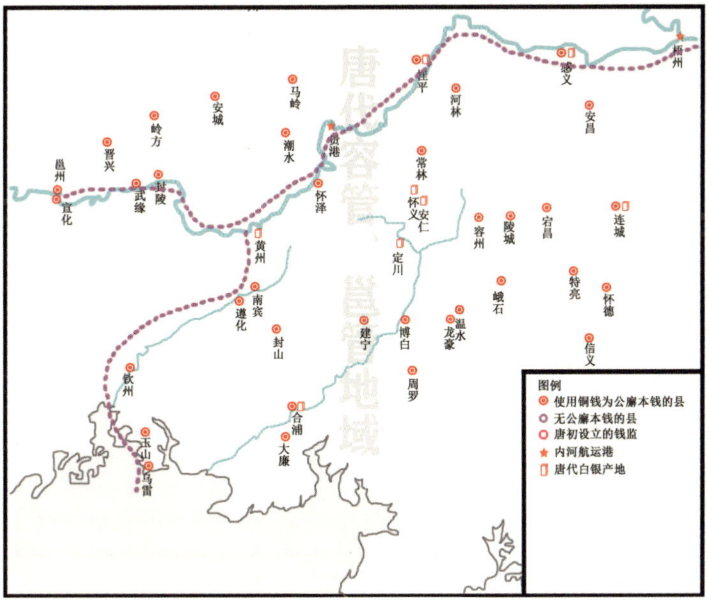

图9　邕江流域贸易线

六、唐天宝初年岭南道银钱并用状况讨论

自两汉以后，岭南逐步成为与中原王朝隔离的铜禁区域，两晋南北朝时期，自太元三年（378）开始，诏令"广州夷人宝贵铜鼓，而州境素不出铜，闻官私贾人皆于此下贪比输钱斤两差重，以入广州，货与夷人，铸败做鼓。其重为制禁，得者科罪"（《晋书·食货志》），此后"广州以银易米"，再到梁初"交、广之域，全以金银为货"，总之，汉代后期到唐帝国势力重新控制岭南前的这一时段，岭南实际上形成了以金银为主流支付手段的贸易区，这是岭南出产金银、海上丝绸之路贸易使用金银为主流支付手段、中原王朝对岭南地区实施铜禁三重因素共同作用的结果。

唐帝国建立并重新管辖岭南后，将继洛阳、幽州、成都、太原后的第五个钱监（铸币机构）设立在桂府（始安，见图 10），这是 623 年的事情，也是铜钱作为支付手段重回岭南的开端。而后，又有证据表明，845 年在广府（广州）也存在钱监①。

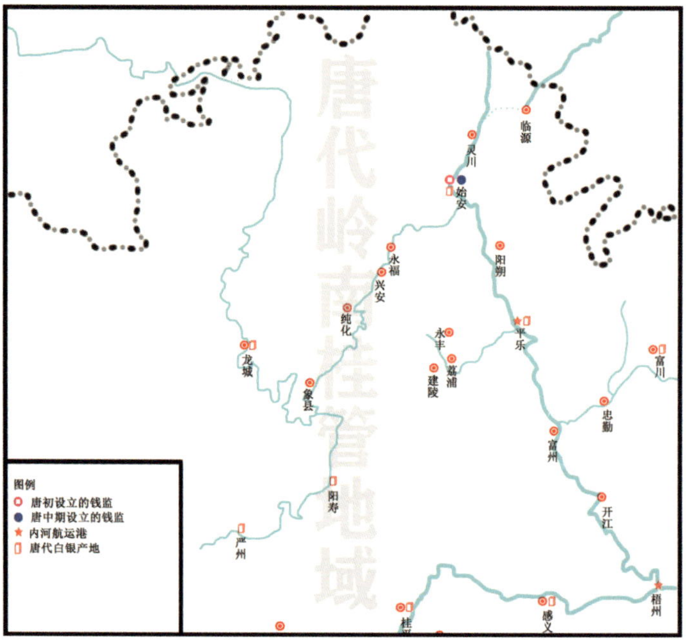

图 10　钱监总图

---

① 杜希德. 唐代财政［M］. 丁俊，译. 上海：中西书局，2016.

唐帝国在岭南铸币的同时，岭南的生产与交通状况也有了较快的发展。邕州的黄金、白银，桂府的铜镜、封州与象州的茶叶、昭州的铅锡等物质或成为贡品、轻货，或成为中原地区的时尚品进入唐帝国的贸易系统，使得唐帝国在统治区域和羁縻区域之间需要进行商品交换与贸易；同时，在岭南地区还集中了唐帝国海路贸易中最重要的几大港口：安南（交趾、河内）、钦州、廉州（合浦）、广州。这些地方与海上丝绸之路沿线国家的贸易，既需要金银与西方作为支付手段，又需要铜钱与唐帝国贸易网进行衔接，这种复杂而繁复的贸易交流使得岭南道不得不采取银钱并用的双轨支付手段。

七、从五铢钱到开元通宝看北部湾港口在海上丝绸之路中地位的变化

汉代考古资料中很重要的一环，便是铜钱（五铢）在环北部湾一带的发现，配合玻璃器、陶器等特征明确的器物，奠定了合浦（廉州）作为海上丝绸之路始发港的地位。另外，从汉到唐的史料中，在环北部湾的航线中，多见"沿崖而行"的语句，反映出早期航海技术不发达，航海距离、日程有限，故航线多沿海岸线而行，在这个时期，环北部湾港口是无可替代的重要港口群，构成了海上丝绸之路最初的航线，也将铜钱（五铢）带到沿线的各个港口和地区。

当航海技术发展后，航海距离、日程有了提升，航船不再需要通过琼州海峡和雷州半岛，甚至北部湾，就可以实现与河内、交趾、龙编的贸易，所以海南岛南端的振州、万安州等地就成了航线上的补给港，进而这些地方出现了铜钱（开元通宝）遗存和"敦博〇七六"文书中的以铜钱作为公廨本钱的情况，表明振州、万安州已经通过作为补给港，进入了唐帝国的贸易中。从这个时期，合浦、钦州便不可避免地开始衰退，最终在宋代，退化成到交趾一日往返的内海航运港口，退出了海上丝绸之路的贸易重点区域，完全为广州所取代。

八、银钱并用对安南铜钱文化的影响

作为唐帝国最南端的贸易港[①]，安南（指越南河内地区，下同）在岭南道中地位相当微妙，一方面是其必须使用铜钱保持与岭南道其他地方的交易支付手段，另一方面是其又需要使用金银维持其在海上丝绸之路贸易中的支付，所以在其贸易港地域，使

---

① 桑原骘藏. 唐宋贸易港研究［M］. 杨鍊，译. 太原：山西人民出版社，2015.

用铜钱为公廨本钱，而都护府使用银为公廨本钱，不失为一种选择。

当使用铜钱后，不产铜的安南对唐帝国的依赖进一步加强，对铜钱支付手段的适应最终导致安南从盗铸、仿铸铜钱到自铸铜钱，但始终保持着与中国地区铜钱制式的相似性，甚至流入中国使用，这种情形从唐宋一直延续至明清。

所以有学者指出，"在研究交趾支那和湄公河三角洲私铸币的问题时，我们发现，中国私铸货币最活跃的地方均在铜、锌矿的产地附近，如四川、云南和贵州。发生过大规模私铸货币活动的交趾支那和河仙却既不产铜，也不产锌，这意味着当时越南南方地区的铜、锌原料贸易必然非常活跃"[①]，足见唐帝国的铜钱流和支付手段已经深刻地影响到安南的铜钱文化，使其不得不保持与唐帝国支付手段的一致以融入唐帝国的贸易板图之中。

九、唐天广西重镇——南宁

唐代的邕州，是今日广西壮族自治区首府南宁市的前身，在那个时代，其公廨本钱高达 4 300 两白银，参考王承文研究中唐代白银与铜钱的折算比例[②]，大约是白银每两折合铜钱 700 文，则邕州的公廨本钱为 3 010 贯（千），数目高于广州的 2 662 贯（千），只少于容府的 5 200 两、扬州的 3 557 贯，堪称富庶。而其户数在开元年间只有 1 624 户，与唐帝国规定的下州 20 000 户的标准相差极大，这种户数少而本钱多的州府，全国独此一家。这种富庶而人稀的状况，便是唐代南宁独特地理位置和贸易枢纽地位的结果。

同时，邕州自六朝到唐代都是重要的金银产区[③]，前文所述之银铤便是"郎宁郡"所出。

在唐代，邕州还作为岭南道的茶叶产区之一，进入中原人的视线。

唐贞观十三年（639），"渝州人侯弘仁自牂牁开道，经西赵，出邕州，以通交、桂，蛮、狸降者二万八千余户"[④]，在使用铜钱为公廨本钱的县中，也可以看到一条自邕州向西北进发的贸易路线，与今贵州地域进行贸易往来，这时的邕州，已经拥有连接岭南道和成都、重庆、贵阳地域的作用。

---

① 此结论源自李塔娜 2010 年于暨南大学做的演讲记录，尚未见论文刊出。

② 王承文. 晋唐时代岭南地区金银的生产和流通 [M] // 荣新江. 唐研究：第十三卷. 北京：北京大学出版社，2007.

③ 王承文. 论唐代岭南地区的金银生产及其影响 [J]. 中国史研究，2008 (3)：45 - 66.

④ 司马光. 资治通鉴·卷一九五 [M]. 北京：中华书局，1996.

郑璘就指出邕州"接服岭之要冲,连骆越之奥壤"[①],唐懿宗在建立邕州为岭南西道节度使所在地时指出,"邕州西接南蛮,深据黄洞,控两江之犷俗,居数道之游民","邕为重地,城临瓯骆",[②] 足见唐代邕州的重要地位。

在唐代,从公廨本钱的设置中,看到邕州成为连接邕州—钦州—安南、邕州—成都、邕州—梧州—广州三条重要贸易线路的枢纽,其州府设置白银为支付手段以连接少数民族地区并征入黄金、白银、茶叶等轻货,然后再以铜钱作为支付手段融入唐帝国的贸易网络,这种独特的贸易枢纽地位在唐代无可替代,使得邕州成为岭南道最为富庶的地区之一,敦煌文书和考古发现的(开元通宝)窖藏以及陕西地区发现的银铤可以佐证。

十、结论

(1)唐代广西地域(桂管、容管、邕管)的贸易,支付手段(货币流通)一改两晋南北朝时期以白银为主的情形,进而细分成两种区域。其中,与唐帝国中原地域交往密切、商业活动频繁、文化较为发达的区域,使用铜钱作为主流支付手段,并形成若干条唐代广西地域(桂管、容管、邕管)铜钱流通路线。这些路线与唐代广西地域(桂管、容管、邕管)水路通道、重要陆路通道重合,并与后世航路、铁路走向基本一致。而与唐代广西地域(桂管、容管、邕管)咫尺之隔的安南则因为陆路通道无法顺利通过谅山导致陆路贸易没有成为主流,唐代广西地域(桂管、容管、邕管)与交趾(越南河内地区)贸易多通过近海航线(合浦—钦州—河内)完成。

(2)从使用铜钱的区域看,北部湾的交通比过去认为的线路更加复杂,既有环北部湾贸易航线,亦有由北部湾前往南亚、东南亚地区的贸易航线,将广阔的世界与唐帝国勾连在一起。然而,随着航海技术的提高,唐代合浦、徐闻以及环北部湾其他港口在海上丝绸之路中的地位较汉代有所下降,整个北部湾贸易航线正在从汉代远洋航线的一部分退化成唐代岭南地域(广管、桂管、容管、邕管、安南)近海航线,而钦州、廉州也因为在近海航线中的优势作用逐渐取代雷州半岛,进而成为宋代中国与越南贸易交流的重要港口。

(3)作为唐代邕管的核心地区,邕州永宁郡(南宁)至少连接了三条贸易路线:一是唐帝国与南诏等地的陆路贸易,以马、黄金、白银为主要商品;二是自汉代开始

---

① 郑璘. 授李铖邕州节度使制 [M] //董浩,等. 全唐文. 北京:中华书局,1983.
② 董浩,等. 全唐文 [M]. 北京:中华书局,1983:868.

的海上丝绸之路陆地部分的延续，即是一条从合浦、徐闻通过邕州前往昆明的古玻璃交易路线；三是将桂地的特产、钱帛及轻货（贵金属）输送往广州或桂林，继而通过灵渠—湘江—长江航道或者广州—韶关—长江航道进入唐帝国。这三条贸易路线的存在，使邕州永宁郡（南宁）成为岭南繁华的商业中心，其高于唐帝国中原地域大部分地区的公廨本钱和多于广西其他地区的窖藏铜钱开元通宝便是这一时期邕州永宁郡（南宁）繁华的见证。

（4）安南作为唐帝国最南端的贸易港，其以河内地区为起点，近海航线和远洋航线并存，通过连接唐代广西地域（桂管、容管、邕管）进而接入唐帝国中原贸易网络。这种接入贸易网络的结果，是唐帝国以铜钱为主流的支付手段（货币使用）影响了唐代安南的铜钱文化，并延续至后世，使得本不产铜、铅、锡等金属矿物的越南河内地区成为私铸铜钱的泛滥区域，也促进了该地区铜、铅、锡等金属的贸易。

（5）作为汉代"准以当金"及晋代"通行金银"的独特（异于中原地域）一般等价物流通区域，唐代广西地域（桂管、容管、邕管）终于在唐帝国大一统时期重新回归以铜钱为媒介的交换体系。但这个体系因为唐帝国的统治没有深入少数民族区域而具有局限性，即只在与中原行商进行交易的地区使用铜钱，所以这一区域集中在水路与陆路贸易通道，而在与少数民族交易的地区则使用金银。因此从少数民族手中交易中原王朝所需的轻货（奇珍），多在不沿河、无官道的区域完成。

南汉开元通宝铅钱的类型和铸造工艺

陈佳男

（广西师范大学历史文化与旅游学院）

摘 要：南汉是五代十国时期中国南方地区的割据政权之一，在其政权存续的五十余年中，统治者为了满足统治需要，用低值金属铸造发行了一系列的虚值货币，统称为南汉铅钱，其中有开元通宝铅钱、铅质乾亨重宝、五五铅钱等类型。南汉铅钱由于其使用和发行地域有限，以及铅柔软不耐磨的特性，使钱币易磨损、易变形、不易保存，因而其传世品极少，在历代泉家所著谱录中少有涉及。铅钱作为南汉主体流通货币，流通时间较长，在五代十国时期，有较大的影响力和独特的历史价值，因此本文在此探讨南汉开元通宝铅钱。

关键词：南汉；铅钱；开元通宝

南汉是岭南古代继南越之后的第二个地方割据政权[①]，列十国之一，疆域在今广东、广西、湖南一带。"贞明三年，龚即皇帝位，国号大越，改元乾亨……二年，祀天南郊，大赦境内，改国号汉"[②]，史称"南汉"，其子玢、晟，孙鋹先后继位，宋开宝四年（971）被灭。

一、开元通宝铅钱的铸造背景

钱币的铸造与使用是一个时期社会生活的写照与国家形象的缩影。虽然五代十国时期社会动荡不安，但是由于南汉政权地处岭南这一特殊的地理位置，加之原本就有比较发达的海上贸易，南汉开国时期的经济形势略优于同时期其他国家的经济形势。

随着海上丝绸之路在公元 10 世纪初期再一次繁荣，海上贸易空前活跃。由于商业

---

① 陈欣. 南汉国史 [M]. 广州：广东人民出版社，2010：1.

② 欧阳修. 新五代史 [M]. 徐无党，注. 北京：中华书局，1974：811.

的需要，东南亚地区对于货币的需求和适用范围不断扩大，小平的制钱短缺。而东南亚地区本身铸钱能力有限，除了依靠自铸货币外，将铜质铸币作为一种货物进口就成了一个可行的方案，中国的铜质铸钱因此成为海上丝绸之路贸易中的大宗商品。而南汉国的地理位置处于海上丝绸之路的重要节点，铜钱在贸易中大量流出，这可能是造成"国用不足"的原因之一。《十国春秋》记载："乾和后多聚铜钱，城内用铅，城外用铜，禁其出入，犯者抵死。俸禄非特恩不给铜钱。"[1] 南汉国采取了极为严厉的措施限制铜钱外流，这从另一个侧面证实了当时由于海上贸易发达造成铜质铸币短缺，"钱荒"的情况已经十分严重。

南汉政权政治环境独特，《新五代史》中对刘龑有这样的记载："又好奢侈，悉聚南海珍宝，以为玉堂珠殿。"[2] "又性好夸大，岭北商贾至南海者，多召之，使升宫殿，示以珠宝之富。"[3] 由于南汉政权的统治者自刘龑始均荒淫残暴，穷奢极欲，常常要用整个国家的财力来供养奢靡的君主，在这种情况下，通常会产生经济危机。而在双重危机的叠加下，南汉经济形势急转直下，最终导致严重的经济灾难。在面临这样大的灾难时，解决方式体现在钱币上，就是大量铸造低值、虚值货币。南汉的铅质铸钱就是在这样的背景下产生的，开元通宝铅钱就是其中之一。

二、开元通宝铅钱的出土概况

乾亨重宝铅钱在岭南地区及海外均有发现，而开元通宝铅钱则鲜有发现，直到民国时期，罗伯昭先生得到了广州出土的小铅开元和铅开平元宝，并据此研究著成《南汉钱史》一文，南汉铅钱的研究才有所突破。近些年来，开元通宝铅钱有一些出土发现，现将出土情况概述如下。

（1）1964 年冬，在广东省清远县兴修笔架河水利工程时，在一个晚唐时期的陶魂坛中出土 36 枚小铅钱。其中开元通宝 34 枚，五铢 2 枚。出土的小铅钱均轮廓锼薄，体轻质劣。[4] 由于出土年代久远，报告中未有实物照片留存。

（2）1984 年 10 月，在广西桂林市临桂路建筑工地的废土中发现了 40 枚散乱的铅钱。除少数无文字外，多为开元通宝和五五铅钱，但这些钱文字也漫漶不清。"开元通宝"分为大小两种：大的背横书"宝一""宝四"，穿上直书"兴""兴三""金二"[5]；

---

① 吴任臣. 十国春秋 [M]. 北京：中华书局，1983：863.
② 欧阳修. 新五代史 [M]. 徐无党，注. 北京：中华书局，1974：811.
③ 欧阳修. 新五代史 [M]. 徐无党，注. 北京：中华书局，1974：812.
④ 陈衣. 清远县首次出土广东最早的铅钱——晚唐刘隐铸的小铅钱 [J]. 广东金融研究，1983（9）：44－45.
⑤ 周庆忠. 桂林发现铅开元通宝和铅五五钱 [J]. 中国钱币，1985（2）：50－51.

小的除光背外还有背文"南"字诸品（未做详细数量统计）。

（3）1984年至1992年，多次在桂林古城内外几平方千米的地下2.5～3米的黑炭粒层中出土，大多数经使用磨损导致钱文不清，具体数量未做详细统计。[①]

（4）2006年秋季，桂林市大圩村几位渔民在深水区捕鱼时无意中发现了江底的铅钱，打捞起来到市场出售。经桂林钱币学会周庆忠先生收集、调查，估计共出水近万枚。大多数铅钱已无文字或文字模糊不清，清晰者只占小部分，品种仍多为原桂林发现的背文为"南、金、兴、宝"系列开元通宝和五五铅钱，也发现了一些过去未曾见的品种。[②] 但是本次的出水并没有经过科学的考古发掘，钱币脱离原有层位，造成其承载的信息大部分遗失，加之有不法商人仿造、臆造，所以研究者在使用这批钱币资料时须谨慎考证。例如有一枚乾亨重宝开元通宝合背钱仍然存疑，若为真品则可从一个方面证明开元通宝铅钱可能的铸造方法，但是目前并不能将其作为直接证据。

三、开元通宝铅钱特点及类型

（一）开元通宝铅钱的特点

1. 钱文字体

开元通宝铅钱具有铸造工艺粗糙、钱文字体独特、钱体大小薄厚不均、狭穿广穿兼有等特点。其钱文字体楷隶相间，字体大多数不规范，钱文对读。其钱文与唐代铜质开元通宝有几处明显的区别：第一，"開"字与唐开元通宝不同，唐开元通宝的"開"呈"門"部，而开元通宝铅钱则从"門"部[③]；第二，唐开元通宝的"元"字第二笔通常会有左挑或右挑，而开元通宝铅钱次笔则绝大部分呈现不挑状态；第三，开元通宝铅钱"通"字的走之旁通常是以三点或者相连的三撇来体现，这与唐开元通宝明显不同；第四，"寶"字中的"尔"，部分钱币存在末笔缺笔情况。唐代开元通宝与南汉开元通宝铅钱的对比情况如图1所示。

① 广西钱币学会. 广西历史货币［M］. 南宁：广西人民出版社，1998：74.

② 周庆忠. 南汉铸行铅钱补遗［J］. 广西金融研究，2007（S1）：17－18.

③ 《中国钱币大辞典》编纂委员会. 中国钱币大辞典 魏晋南北朝隋编·唐五代十国编［M］. 北京：中华书局，2003：592.

图1　唐代开元通宝（左）与南汉开元通宝铅钱（右）（私人收藏）

2. 钱体规格

开元通宝铅钱在历代泉谱上均罕有著录，其与同时期南汉所铸的铅质乾亨重宝在形制特点上大体相同，虽然都是南汉官方铸行的制钱，但是都应属于中唐以来官方发行的虚值恶钱。《十国春秋》中记载："是时以国用不足，又铸铅钱，十当铜钱一。"[①]可见钱值之虚。在南宋洪遵所著《泉志》卷五《伪品下》中对乾亨重宝有这样的文字记载："铅钱有二品，轮廓锡薄，文曰'乾亨重宝'，大者径寸，重三铢九参。重宝二字传形；小者径九分，重三铢六参。余抵岭外始获此钱，若铜钱，今世所存至多。"[②]铅开元与铅乾亨有着相似性，在此段记述中也可以管窥开元通宝铅钱的特点。根据笔者对自藏品种的测量，开元通宝铅钱直径在19.2~23.5毫米，孔径在6.5~9.5毫米，厚度在0.6~1.5毫米，重量在2.2~3.7克。

（二）开元通宝铅钱的背型

关于开元通宝铅钱的背型，《广西历史货币》将其分为Ⅵ式，而《中国钱币大辞典》则将其分为若干类型，大抵分为光背和背字两大类，背字类又可分为背单字和背双字两类，背双字又可分为穿口上下竖书和穿口左右横书两种。综合两种说法，笔者将开元通宝铅钱总结为下列背型。

1. 光背型

光背型，根据"元"字形态，可分为Ⅰ式—不挑式和Ⅱ式—左挑式。

面文"开元通宝"，对读，字体较为随意，不工整，隶书楷书神态兼具。"开"字偏旁与唐开元不同，从"門"字；"元"字有不挑和左挑的分别；"通"字写法各不相同。整体制作较粗糙。Ⅰ式为不挑式，直径19.6毫米，孔径6.6毫米，厚0.6毫米，

---

① 吴任臣. 十国春秋［M］. 北京：中华书局，1983：842.
② 洪遵. 泉志［M］. 杜斌，校注. 济南：山东画报出版社，2013：102.

重 2.2 克；Ⅱ式为左挑式，直径 21.2 毫米，孔径 6.5 毫米，厚 1.0 毫米，重 3.5 克（见图 2、图 3）。

图 2　Ⅰ式—不挑式（私人收藏）

图 3　Ⅱ式—左挑式（私人收藏）

2. 背字型

（1）Ⅰ式—背上南式（见图 4）。

面文"开元通宝"，对读，字体不规范，兼具楷隶书体风格。"開"字偏旁与唐开元不同，从"門"字；"元"字次笔不挑；"通"字的走之旁由三点构成；"寶"字中的"尔"，部分钱币存在末笔缺笔情况。背文为穿上书一"南"字，寓意"南国"①。制作较粗糙。直径 19.4 毫米，孔径 5.5 毫米，厚 0.6 毫米，重 2.5 克。

---

① 《中国钱币大辞典》编纂委员会. 中国钱币大辞典　魏晋南北朝隋编·唐五代十国编［M］. 北京：中华书局，2003：592.

图4 Ⅰ式一背上南式（私人收藏）

（2）Ⅱ式一背上南下计数式（见图5）。

面文"开元通宝"，对读，字体不规范，兼具楷隶书体风格。"開"字偏旁与唐开元不同，从"門"字；"元"字比较小，次笔不挑；"通"字的走之旁由三点构成；"寶"字中的"尔"，部分钱币存在末笔缺笔情况。背文为穿上书一"南"字，寓意"南国"。穿下纪数一、二、三、四、五，是为纪年，表示铸行的第一年至第五年。[①] 这种纪年纪数特征在后世南宋所铸钱中得到了传承。制作较粗糙。直径19.4毫米，孔径6.4毫米，厚1.0毫米，重2.2克（此种钱币专家存疑，因此图5仅为示意图）。

图5 Ⅱ式一背上南下计数式（私人收藏）

（3）Ⅲ式一背上兴下计数式（见图6）。

面文"开元通宝"，对读，字体不规范，兼具楷隶书体风格。"開"字偏旁与唐开元不同，从"門"字；"元"字比较小，次笔不挑；"通"字的走之旁由三点构成或者呈三撇相连状；"寶"字中的"尔"，部分钱币存在末笔缺笔情况。背文为穿上书一"兴"字，《资治通鉴》记载："南汉主立其子继兴为卫王，璇兴为桂王，庆兴为荆王，

----

① 《中国钱币大辞典》编纂委员会. 中国钱币大辞典 魏晋南北朝隋编·唐五代十国编［M］. 北京：中华书局，2003：592.

保兴为祯王，崇兴为梅王。"① 刘晟五子名字末字皆为"兴"，背兴或许寓意期盼政权振兴。穿下纪数一、二、三、四，是为纪年，第五年刘继兴继位，改名刘鋹②，背兴纪数钱至此停铸。钱面上无内郭，制作较粗糙。直径 22.2 毫米，孔径 7.5 毫米，厚 1.0 毫米，重 3.7 克。

图6　Ⅲ式—背上兴下计数式（私人收藏）

（4）Ⅳ式—背上金下计数式（见图7）。

面文"开元通宝"，对读，字体不规范，兼具楷隶书体风格。"開"字偏旁与唐开元不同，从"門"字；"元"字首笔呈点状，反书呈元③；"通"字的走之旁由三点构成；"寶"字大小不同。背文为穿上书一"金"字，寓意"宝贵""金贵"。穿下纪数一、二、三、四，是为纪年，第四年背金纪数钱至此停铸。钱面上无内郭，制作较粗糙。直径 23.4 毫米，孔径 8.6 毫米，厚 1.0 毫米，重 3.2 克。

图7　Ⅳ式—背上金下计数式（私人收藏）

①　司马光. 资治通鉴［M］. 胡三省，音注. 北京：古籍出版社，1956：9496.
②　《中国钱币大辞典》编纂委员会. 中国钱币大辞典　魏晋南北朝隋编·唐五代十国编［M］. 北京：中华书局，2003：593.
③　《中国钱币大辞典》编纂委员会. 中国钱币大辞典　魏晋南北朝隋编·唐五代十国编［M］. 北京：中华书局，2003：594.

（5）Ⅴ式—背右宝式（见图 8）。

面文"开元通宝"，对读，字体不规范且较为漫漶，兼具楷隶书体风格。"開"字偏旁与唐开元不同，从"門"字；"元"字首笔横较长，次笔不挑①；"通"字的走之旁由三点构成。背文为穿右书一"宝"字，寓意"宝钱""宝贵"。钱面上无内郭，制作较粗糙。直径 23.2 毫米，孔径 9.5 毫米，厚 1.3 毫米，重 3.5 克。

图 8　Ⅴ式—背右宝式（私人收藏）

（6）Ⅵ式—背右宝左纪数式（见图 9）。

面文"开元通宝"，对读，字体不规范且较为漫漶，兼具楷隶书体风格。"開"字偏旁与唐开元不同，从"門"字；"元"字首笔横较长，次笔不挑；②"通"字的走之旁由三点构成。背文为穿右书一"宝"字，寓意"宝钱""宝贵"。穿左纪数一、二、三、四，是为纪年，第四年背宝纪数钱至此停铸。钱面上无内郭，制作较粗糙。直径 22.3 毫米，孔径 7.5 毫米，厚 1.0 毫米，重 3.4 克。

图 9　Ⅵ式—背右宝左纪数式（私人收藏）

---

① 《中国钱币大辞典》编纂委员会. 中国钱币大辞典　魏晋南北朝隋编·唐五代十国编［M］. 北京：中华书局，2003：594.

② 《中国钱币大辞典》编纂委员会. 中国钱币大辞典　魏晋南北朝隋编·唐五代十国编［M］. 北京：中华书局，2003：595.

（7）Ⅶ式—背上桂式（见图10）。

面文"开元通宝"，对读，字体不规范，兼具楷隶书体风格。"開"字偏旁与唐开元不同，从"門"字；"元"字比较小，次笔不挑；"通"字的走之旁由三点构成；"寶"字中的"尔"，部分钱币存在末笔缺笔情况。背文为穿上书一"桂"字，可能是桂州钱监炉记，或者是指供桂州本地使用的铅钱。制作较粗糙。具体数据暂缺。与之风格相一致的还有背下倒"桂"一种（见图11）。

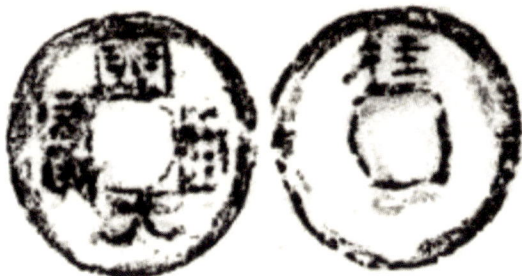

图10　Ⅶ式—背上桂式[1]

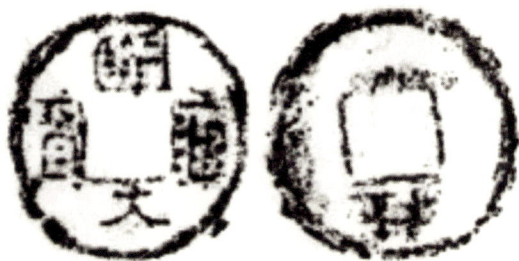

图11　背下倒"桂"式[2]

（8）Ⅷ式—背数字式（以背上三为例，见图12）。

面文"开元通宝"，对读，字体不规范，兼具楷隶书体风格。"開"字偏旁与唐开元不同，从"門"字，成上宽下窄样；"元"字呈反书，首笔呈点状；"通"字异样缺

---

① 桂林钱币学会. 广西历史货币图集［M］. 桂林：广西师范大学出版社，2003：4－7.
② 桂林钱币学会. 广西历史货币图集［M］. 桂林：广西师范大学出版社，2003：4－7.

笔。① 背文为穿上书一"三"字，是为纪年钱，与背"南、金、兴、宝"钱整体风格相同，应是同一时期所铸。制作较粗糙。直径 22.4 毫米，孔径 6.8 毫米，厚 1.3 毫米，重 3.8 克。除背上三之外，背数字式还有背下倒三、背右三、背下一、背下倒二、背左二、背上四诸品。

图 12   Ⅷ式—背上三②

3. 其他类型

（1）乾亨重宝背开元通宝（见图 13）。

此枚钱币在学术界仍然存疑。面文"乾亨重宝"，对读，书体楷隶相间，字体较为绵软无力；背文"开元通宝"对读，楷隶相间，与开元通宝铅钱风格大体相似。"開"字风格略似唐开元；"通"字的走之旁呈三撇相连状态。制作较为粗糙。直径 27.2 毫米，厚 1.1 毫米，重 4.7 克。③

图 13   乾亨重宝背开元通宝④

---

① 《中国钱币大辞典》编纂委员会. 中国钱币大辞典 魏晋南北朝隋编·唐五代十国编［M］. 北京：中华书局，2003：595.

② 《中国钱币大辞典》编纂委员会. 中国钱币大辞典 魏晋南北朝隋编·唐五代十国编［M］. 北京：中华书局，2003：595.

③ 周庆忠. 南汉铸行铅钱补遗［J］. 广西金融研究，2007（S1）：17 - 18.

④ 周庆忠. 南汉铸行铅钱补遗［J］. 广西金融研究，2007（S1）：18.

（2）开元五五铅钱（见图14）。

钱面文"开元五五"，对读，字体不规范，兼具楷隶书体风格。"開"字偏旁与唐开元不同，从"門"字；"元"字比较小，次笔不挑，反书成元；"五五"横列篆书，呈左大右小状。直径24.6毫米，厚0.9毫米，重3克。[①]此枚钱币在学术界仍然存疑。开元通宝铅钱与五五铅钱是南汉铅钱的两大种类，但是两种钱文混铸于一枚铅钱上的并不多见。由此可知，南汉的开元通宝铅钱和五五铅钱应是同一时期同行并用的两个钱币品种。

图14　开元五五铅钱[②]

四、开元通宝铅钱的铸造情况

（一）铸造工艺

中国传统铸钱历史可大致分为三个阶段，即平板范竖式浇铸、叠铸和母钱翻砂铸造[③]，而南汉开元通宝铅钱的铸造方法一直是泉界的一个盲区。直到1982年9月，广东阳春县（今阳春市）文物普查队在铁屎径古代冶炼遗址中，收集到出土的"乾亨重宝"钱范七块，其中正面范四块，背面范三块。钱范为石质，每块长18厘米、宽9厘米、厚2厘米（见图15）[④]。这直接证明了铅质乾亨重宝是用石范采用平板范竖式浇铸法铸造的。遗憾的是笔者寻访出土地相关的博物馆并未访到两块石范原物。

---

① 周庆忠.南汉铸行铅钱补遗［J］.广西金融研究，2007（S1）：17－18.
② 周庆忠.南汉铸行铅钱补遗［J］.广西金融研究，2007（S1）：18.
③ 周卫荣.中国传统铸钱工艺初探［C］//中国钱币学会.中国钱币论文集：第四辑.北京：中国金融出版社，2002：17.
④ 阮应祺，刘鸿健.广东阳春县发现南汉"乾亨重宝"钱范［J］.文物，1984（12）：67.

图15　乾亨重宝石范拓本（左、中）及阴文石范拓本（右）

　　从钱范的范文来看，其浇铸孔位一范可铸造十枚铅钱，根据其孔位的直径来看，可浇铸直径2.5厘米和直径2.7厘米两种规格的铅钱。虽未发现开元通宝铅钱钱范，但就其尺寸，也多集中在2.5厘米和2.7厘米这两种规格。

　　在桂林大圩出水的铅钱中，发现的开元通宝与乾亨重宝合背钱存疑待考，其钱面文"开元通宝"的风格和字体与其他开元通宝铅钱略似，其"乾亨重宝"一面与其他乾亨重宝铅钱的钱文风格略同，与广东阳春县发现的南汉乾亨重宝钱范的风格大体一致。经过查找比较，同批出水的铅钱中又找到了与此枚钱文"开元通宝"文字类同的开元通宝钱。此枚钱币仍有待进一步科学检测，若此枚钱币为真品，则可证实铅质乾亨开元合背钱不是臆造也不是工匠戏作，而是铸造时的意外——配错范而产生。[①] 由此这枚合背钱可以从另一个侧面证实开元通宝铅钱应该是南汉政权用与乾亨重宝相同的铸造方式铸造的、只在特定区域流通的货币。

　　根据乾亨重宝铅钱钱范的发现及对其铸造工艺的推理研究，开元通宝铅钱钱范虽尚未发现，但是开元通宝铅钱应有如下的具体铸造过程：首先为制范，由钱监工匠利用滑石等软硬适中、质地细腻、方便镌刻的石材制作石范；其次为溶铅，将铅块或铅锭等置于坩埚，将其加热至熔融状态；再次为浇铸，将熔融状态的铅水沿石范预留好的浇铸孔倒入，待其冷却；最后为锉钱，石范内铅水冷却凝固之后，取出钱树，将每枚钱币与钱树脱离，用锉将钱的毛边锉至平滑至可流通状态，即可交付市场流通。

---

① 周庆忠. 南汉铸行铅钱补遗［J］. 广西金融研究，2007（S1）：17 – 18.

（二）铸造地点与时间

1. 开元通宝铅钱铸造地点

开元通宝铅钱的铸造地是一个未解之谜，由于"南汉制钱，见于正史者，寥寥一二则，殊不足以概之"①，而关于开元通宝铅钱铸造的直接资料更是没有过出土记录，故无法准确判断开元通宝铅钱究竟铸造于何处。但是有两种合理的推论，一种是铸造于广西地区，另一种是铸造于广东地区。

其一，推测铸造于广西本地基于以下三点理由：

（1）桂州在唐代即存在钱监，桂州钱监是唐代开元通宝在岭南的铸造地之一。《旧唐书·食货志》中记载："武德四年七月，废五铢钱，行开元通宝钱……仍置钱监于洛、并、幽、益等州。五年五月，又于桂州置钱监。"② 其造钱质量也十分出色，有"议者以新钱轻重大小最为折中，远近甚便之"③ 的评价。会昌开元也有比较少见的背"桂"钱存世。方乘云在《桂字开元钱在广西铸造》④ 一文中对此"桂"的地点有详细论述，最终得出结论是此"桂"即桂州，位于今广西境内。《旧唐书·地理志》中记载："桂州下都督府，隋始安郡。武德四年，平萧铣，置桂州总管府，管桂、象、静、融、贺、乐、荔、南昆、龙九州，并定州一总管。"⑤《辞海》中对桂州解释为："桂州，州名。南朝梁天监六年置桂州与苍梧、郁林之境，因桂江为名，大同六年移治始安（唐改名临桂，即今桂林市）。唐辖境相当于今广西龙胜、永福以东和荔浦以北地区。唐宋为桂管经略使、广南西路治所。"⑥ 五代时期南汉政权的势力范围包括现在的广东、广西、海南的大部分地区，以及湖南的部分地区，乾和六年（948）"珣等攻桂州及连、宜、严、梧、蒙五州，皆克之"⑦。此后桂州正式进入了南汉政权的统治范围，南汉政权在占领桂州的同时接管了桂州钱监。

（2）"城内用铅，城外用铜"局面的出现，证明南汉社会的经济生活并非单纯使用铅钱，而是铜铅兼用。桂州钱监是唐代以来的钱监，可能同时鼓铸铜钱和铅钱。

（3）开元通宝铅钱的出土地主要集中于五代时期的桂州势力范围附近，而且开元通宝铅钱发现有背"桂"钱，有可能就近铸造以节约运输成本，方便本地使用。

---

① 马飞海，周祥，罗炯. 罗伯昭钱币学文集［M］. 上海：上海古籍出版社，2004：21 - 23.

② 刘昫，等. 旧唐书［M］. 北京：中华书局，1975：2094.

③ 刘昫，等. 旧唐书［M］. 北京：中华书局，1975：2094.

④ 方乘云. 桂字开元钱在广西铸造［C］//广西钱币学会. 广西钱币学会十年文章选篇（1985—1995）. 南宁：广西美术出版社，1997：45 - 48.

⑤ 刘昫，等. 旧唐书［M］. 北京：中华书局，1975：1725.

⑥《辞海》编辑委员会. 辞海［M］. 上海：上海辞书出版社，1989：3386.

⑦ 欧阳修. 新五代史［M］. 徐无党，注. 北京：中华书局，1974：816.

综上所述，桂州钱监既有铸钱的能力与技术，又有为南汉政权经济社会服务的责任，还具有交通便利节省成本的优势，因此，开元通宝铅钱应是在桂州钱监即今广西本地铸造的。

其二，推测铸造于广东地区基于以下理由：1982 年，考古工作者在广东阳春县发现了南汉铅钱的铸钱遗址，遗址面积超过 5 万平方米。该遗址出土了"乾亨重宝"石质钱范、铅锭等遗物。考古学家认定，该遗址应为南汉国乾亨二年（918）以后铸造铅钱的作坊所在地，2011 年在该地还发现了十余斤铅钱。2017 年，广州市南越王宫博物馆展出了南汉国时期标有"春州铅十斤"的铅锭，更佐证了阳春县曾是南汉国的重要铸币场所，其铅矿来自阳春县当地。[①] 在钱币铸造场已经发现的情况下，虽未有开元通宝铅钱在此地铸造的更直接证据被发现，但是联系乾亨重宝与开元通宝合背钱的发现，有理由认为开元通宝铅钱是由广东境内的钱币铸造场铸造的。

2. 开元通宝铅钱铸造时间

20 世纪 30 年代，钱币大家罗伯昭先生在《泉币》中发表的《南汉钱史》一文指出："隐以钱二十万献于梁，梁处中原之地，五代诸国，历来用铜钱也，是隐必括小平铜钱以充之，其岭南地方用者，则仕唐时铸小铅开元，……此小铅钱二品当属南汉第一时期。"[②] 此观点认为，刘隐未称帝时期即第一时期铸造过小平铅开元，而后至国用不足的第三时期又重新鼓铸小平铅开元。而《中国钱币大辞典》中指出"南汉开元通宝铅钱始铸于南汉乾和十二年至十六年"[③]，南汉政权在乾和六年（948）攻克桂州，控制了桂州钱监，在此时间节点之后铸造开元通宝铅钱是合理的。而罗先生认为的第一期铸钱，由于在广东阳春县发现了南汉的铸钱场，在控制桂州钱监之前有第一期铸钱也是合理的，因此开元通宝铅钱的具体铸期仍有待进一步考证。笔者支持罗先生的开元通宝铅钱分为两期铸造的观点。

五、结语

南汉政权存续五十余年，历四帝统治。除战乱外，南汉统治阶级还暴虐无道，用酷刑镇压人民的反抗，社会长期处于混乱之中。统治阶级生活过得极其奢华糜烂，利用广州水道便利的条件，大量购买奢侈品供其挥霍，并且大兴土木为其修建被称为

---

① 武勇. 走向海外的南汉铅钱 [N]. 中国社会科学报，2018 - 02 - 02（004）.

② 马飞海，周祥，罗炯. 罗伯昭钱币学文集 [M]. 上海：上海古籍出版社，2004：21 - 23.

③《中国钱币大辞典》编纂委员会. 中国钱币大辞典 魏晋南北朝隋编·唐五代十国编 [M]. 北京：中华书局，2003：592.

"玉堂珠殿"的豪华宫殿。南汉国陷入了严重的经济危机，而统治阶级又为此课敛重赋，民众不堪其苦。

为解决危机，南汉政权使用价值比较低的铅铸造了开元通宝、乾亨重宝、五五铅钱等一系列低值钱。开元通宝铅钱虽然属于低值钱，但在其铸造与流通初期，对南汉政权稳定经济社会有一定积极作用。其钱币不论从钱体状态还是从钱文结构上来讲，风格均较为独特，自成一派，虽然仍采用相对原始的范铸法，但是铸造比较细致，可以说是劣钱铸造历史上少有的"精品"。其背型承载的历史信息，对于研究南汉政权疆域范围、政治形势、经济面貌等都有重要意义。可是这样的虚值恶钱肆意发行，造成了严重的、不可逆转的通货膨胀，最终国家财力耗尽，南汉政权也因此不可避免地走向了灭亡。

（本文为广西钱币学会2018—2019年度学术课题"学生研究项目"结项成果）

宋代贺州钱监夹锡铁钱探讨与研究
——基于对含锡高铁硬头的分析[①]

余天佑

（梧州学院西江研究院）

摘　要： 宋代贺州钱监遗址出土的夹锡铁钱一直是钱币学界及冶金学界关注的热点，目前学术界对贺州钱监遗址出土的夹锡铁钱最大的分歧是：夹锡铁钱中的锡究竟是人工添加还是铁矿石本身含有。本文通过对高铁硬头各种定量及半定量的分析，结合近十年来对贺州钱监遗址的考察调研，证明高铁硬头即是铸造夹锡铁钱的主要材料。

关键词： 宋代；贺州钱监；夹锡铁钱；含锡高铁硬头

一、贺州钱监遗址出土的夹锡铁钱及硬头

贺州钱监遗址曾多次发现有铁钱或夹锡铁钱，由文物部门发掘发现的暂未有报道，主要是当地村民建房挖地基时发现的。比如村民黄女士于1998年秋天在遗址南部建房，在挖地基时发现一小堆钱币，大部分是残缺的次品，挑选出几十枚稍好的。据黄女士说，北京及广西南宁来的专家向她征集了十几枚，残缺的几斤被她当垃圾倒在屋门口的土堆里填埋了。笔者在2008年向黄女士征集获得了数枚政和通宝，其中两枚（见图1）经广西壮族自治区地质矿产测试研究中心分析，含锡1.1%~2.1%。笔者所获得的几枚夹锡铁钱除一枚赠出外，其余均藏于贺州学院矿冶钱币展厅。

①　本课题研究及样品分析得到贺州学院和梧州学院的资助，并得到北京科技大学李延祥教授的支持，敬表谢忱。

图 1　政和通宝两枚

1997 年 7 月，广西钱币学会资助广西壮族自治区博物馆对贺州钱监遗址进行了局部发掘①，发现了炼锡炉和一座用生铁铸成的熔炉。这次局部发掘的地点，就是冶炼区。

周卫荣、李延祥在《广西贺县铁屎岭遗迹北宋含锡铁钱初步研究》一文中指出，锡和铁可结合形成各种成分的脆性合金，锡冶金称为"硬头"。2009 年秋至 2010 年春的大规模盗挖，对钱监遗址造成了严重的破坏。当地村民盗挖的目标是琉璃态炼渣（普遍含有 2% ~5% 的锡）（图 2），同时也将混在炼渣里面的硬头一并卖给冶炼公司。周卫荣、李延祥在《广西贺县铁屎岭遗址北宋含锡铁钱初步研究》一文中提出，遗址里遗存的硬头（当地村民称之为"铁头"）就是铸造夹锡钱的材料。2010—2013 年，笔者陆续向村民征集而获得不同形状的硬头约 30 千克（见图 3、图 4）。

图 2　硬头之一

---

① 黄启善. 广西宋代夹锡铁钱探讨 [J]. 广西金融研究，1999（S1）：52.

图 3　硬头之二

图 4　硬头之三

二、学界对夹锡铁钱实物的分析与研究

20 世纪 80 年代初，中国钱币学会、广西钱币学会、北京科技大学、广西壮族自治区博物馆、贺县（州）博物馆等机构，都十分关注夹锡铁钱的研究。到了 90 年代，戴志强、周卫荣、李延祥、黄启善等专家做了大量细致的工作，对贺州钱监遗址出土的夹锡钱的合金成分做了详尽的分析研究。《宋史》记载宋徽宗时期曾经铸行夹锡钱，对此学界已达成共识。

1995 年 5 月，由广西钱币学会牵头组织相关专家对贺州钱监遗址进行了考察调研，对夹锡铁钱做了初步的讨论："在钱币学方面，我们考察组认为，它们可能是解决北宋末年重大的钱币问题——夹锡钱的物证。"① 另外，张春云先生的《宋代贺州钱监考述》也对夹锡钱做了一定程度的探讨②。

1999 年，黄启善发表了《广西宋代夹锡铁钱探讨》，从冶金学的角度对夹锡铁钱进行了深入探讨。③ 同年，戴志强、周卫荣、李延祥等在《中国钱币》发表了《"夹锡钱"问题再研究》，文章从文献材料出发，立足于冶金学与钱币学以及铸行夹锡钱目的等方面，对夹锡钱进行深入研究。④ 2000 年，周卫荣、李延祥在《文物》发表了《广西贺县铁屎岭遗址北宋含锡铁钱初步研究》。⑤

通过上述文章的发表，黄启善、戴志强、周卫荣、李延祥等专家从冶金学和钱币学的角度分析解决了夹锡铁钱的相关问题。

广西钱币学会的夹锡铁钱的成分如表1所示。周卫荣、李延祥等专家对夹锡铁钱的分析结果如表2所示。

表1　广西钱币学会4枚政和通宝合金成分

序号	Fe（%）	Sn（%）	Pb（%）	Zn（%）	Cu（%）
1	80.23	0.13	0.4	0	0
2	63.17	1.58	0	0.06	0.06
3	94.8	1.20	0.05	0.05	0.06
4	94.10	1.80	1.8	0.07	0.06

资料来源：广西金融研究，1999（增刊）：53.

表2　周卫荣、李延祥对5枚政和通宝部分元素分析结果

来源	样品	名称	Sn（%）	Cu（%）	S（%）	C（%）
广西贺县	T1	政和通宝	2.54	0.038	0.056	3.25
	T2	政和通宝	2.30	0.039	0.049	3.49

① 广西钱币学会考察组. 广西宋代梧州、贺州钱监考察报告［C］//广西钱币学会. 广西钱币学会十年文章选篇（1985—1995）. 南宁：广西美术出版社，1997：32.
② 张春云. 宋代贺州钱监考述［C］//广西钱币学会. 广西钱币学会十年文章选篇（1985—1995）. 南宁：广西美术出版社，1997：41–43.
③ 黄启善. 广西宋代夹锡铁钱探讨［J］. 广西金融研究，1999（S1）：52–57.
④ 戴志强，周卫荣，李延祥，等. "夹锡钱"问题再研究［J］. 中国钱币. 1999（1）：4–9.
⑤ 周卫荣，李延祥. 广西贺县铁屎岭遗址北宋含锡铁钱初步研究［J］文物，2000（12）：73–80.

（续上表）

来源	样品	名称	Sn（%）	Cu（%）	S（%）	C（%）
广西贺县	T3	政和通宝	1.11	0.029	0.094	3.88
	T4	政和通宝	0.49	0.028	0.034	4.27
	T5	政和通宝	0.36	0.030	0.100	3.56

资料来源：文物，2000（12）：76.（测试仪器不详）

从表1、表2中可以看到，广西钱币学会的4枚样品中，含锡最低为0.13%，最高为1.80%；而周卫荣、李延祥两位专家分析的5枚样品中，含锡最低为0.36%，最高为2.54%。

三、对高铁硬头的分析研究

贺州钱监遗址遗存有冶炼含锡约15%的高铁硬头，可用来推断当时的冶炼流程[①]。这里所说的含锡高铁硬头，当地村民称之为"铁头"或"白口铁"。在2007—2009年的贺州钱监遗址考察调研中，在遗址及村民家中见到的"铁头"甚少，仅发现两三件小块。2009年10月至2010年4月，因村民盗挖炼渣，从地里翻出不少"铁头"，大块的逾5千克，小块的也超过0.5千克，但"铁头"大多被当作含锡炼渣卖给了冶炼公司。

2013年7月到2019年6月，贺州钱监遗址获得的含锡高铁硬头先后三次被送到广西壮族自治区地质矿产测试研究中心进行定量或半定量分析，结果如表3所示。

表3 白口铁、铁矿石的定量及半定量检测结果

序号	送样编号	样品类别	Sn（%）	Fe（%）
1	006	白口铁	1.26	54.4
2	007	铁矿石	0.061	68.54
3	008	铁矿石	0.026	61.96
4	009	铁矿石	0.099	59.24
5	010	铁矿石	0.044	56.64

资料来源：国土资源部南宁矿产资源监督检测中心、广西壮族自治区地质矿产测试研究中心检测报告，报告编号：13W1654；主要仪器名称：（Advantage）全谱ICP。

---

① 周卫荣，李延祥.广西贺县铁屎岭遗迹北宋含锡铁钱初步研究[J].文物，2000（12）：75.

2003 年 8 月 26 日，由广西壮族自治区博物馆送检的贺州钱监白口铁一块，分析结果是锡含量为 0.84%，铁含量为 59.79%（见图 5），比较两份不同年月、不同检测机构对白口铁的定量分析结果，其含锡量与夹铁钱相符合。

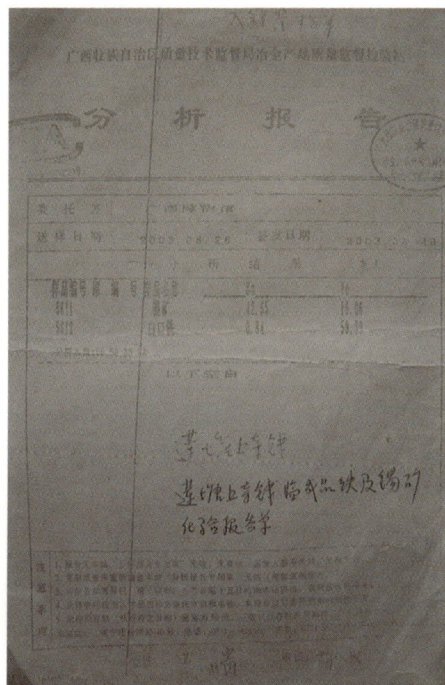

图 5　硬头成分分析报告

2015 年 3 月 24 日、2019 年 6 月 17 日广西壮族自治区地质矿产测试研究中心分别对 10 块硬头和 5 块铁矿石与 3 块硬头和 3 块铁矿石做半定量分析。表 4 与表 5 仅列二氧化锡（SnO_2）和三氧化二铁（Fe_2O_3）的含量，其他成分略。

表 4　硬头、铁矿石等半定量分析结果

送样编号	样品类别	Fe_2O_3（%）	SnO_2（%）
3	硬头	54.8	1.8
4	硬头	57.5	2.4
5	硬头	54.3	1.1
6	硬头	88.9	1.0
7	硬头	51.2	1.8

（续上表）

送样编号	样品类别	Fe₂O₃（%）	SnO₂（%）
8	硬头	43.6	1.0
17	铁矿石	94.0	0
18	铁矿石	42.1	0.09
19	铁矿石	77.8	0.04
20	铁矿石	50.5	0.8
21	铁矿石	18.4	0.6
22	硬头	54.4	2.1
23	硬头	53.7	2.2
24	硬头	51.4	1.4
25	硬头	49.8	1.7

资料来源：国土资源部南宁矿产资源监督检测中心、广西壮族自治区地质矿产测试研究中心检测报告，报告编号：15W0369；测试仪器：（荷兰）X荧光光谱仪。

从表4可知，10块硬头二氧化锡含量为1.0%～2.4%，与贺州钱监夹锡钱含锡量相符。5块铁矿石的三氧化二铁含量为18.4%～94.0%，编号17的二氧化锡含量为0，其余4块为0.04%～0.8%，与柳钢在贺州钱监遗址附近铁矿采样分析的含锡0.2%～0.3%相似[①]。

表5　硬头及铁矿石半定量分析结果

送样编号	半定量分析结果		
	样品	Fe₂O₃（%）	SnO₂（%）
001	硬头	50.9	2.2
002	硬头	51.0	2.3
003	硬头	51.1	1.3
007	铁矿石	94.2	0.1
008	铁矿石	93.8	0.2
009	铁矿石	93.7	0.2

资料来源：国土资源部南宁矿产资源监督检测中心、广西壮族自治区地质矿产测试研究中心检测报告，报告编号：19W0381；测试仪器：（荷兰）X荧光光谱仪。

---

① 黄启善. 广西宋代夹锡铁钱探讨［J］. 广西金融研究，1999（S1）：55－56.

表 5 显示的是 3 块硬头与 3 块铁矿石的分析结果。3 块硬头是放入坩埚经 1 100℃ 的高温熔炼后再送检的，其三氧化二铁含量为 50.9% ~ 51.1%，二氧化锡含量为 1.3% ~2.3%，与夹锡铁钱含锡量相符；3 块铁矿石的三氧化二铁含量为 93.7% ~ 94.2%，二氧化锡含量为 0.1% ~0.2%，与柳钢分析结果相同。

目前学界对贺州钱监遗址出土的夹锡钱最大的分歧是：夹锡铁钱中的锡究竟是人工添加还是铁矿石本身含有。目前持两种观点的专家各有道理，而且双方都有一定数据支撑。所以通过对贺州钱监遗址出土的夹锡铁钱以及含锡高铁硬头的深入分析研究，厘清学界存在的疑问，得出经得起科学检验及符合历史事实的结论，是一项具有重要意义的工作。

四、结论

结合前人研究，通过对含锡高铁硬头的定量与半定量分析，可以得出以下结论：

（1）宋代贺州钱监遗址出土的政和通宝，经广西钱币学会送检的 4 枚与经周卫荣、李延祥两位专家检测的 5 枚均为夹锡铁钱。在遗址中采集获得的铁矿石及柳钢在遗址附近采集的铁矿石，大多含有 0.04% ~0.8% 的锡元素。

（2）无论用定量还是半定量分析方法，贺州钱监遗址的硬头，15 块均含有锡或二氧化锡，含量为 0.84% ~2.4%，与出土的夹锡铁钱含锡量相符。硬头无论是否经高温熔炼，其含铁或三氧化二铁及锡（或二氧化锡）的量变化极微，可知锡、铁元素极其稳定。

通过相当数量的样品分析，表明含锡高铁硬头即是铸造夹锡铁钱的主要材料。周卫荣、李延祥、黄启善等专家认为夹锡铁钱的锡是人工添加而非因铁矿石含有微量的锡而形成的观点是正确的。

广西北宋与南宋铜钱合金成分差异性研究

张荣军

（贺州学院、贺州民族文化博物馆）

摘　要：金属分析仪检测数据表明广西出土北宋与南宋铜钱合金成分存在较大差异：北宋铜钱合金组成中铜、铅和锡的分布比例很集中；南宋后期铜钱的合金组成中铅含量明显偏高，而铜、锡含量偏低，尤其是锡。形成这种差异的原因是北宋铸造铜钱原料丰富而南宋铸造铜钱原料缺乏，且两宋官府管理制度及社会形势不同。

关键词：广西；北宋与南宋铜钱；合金成分；差异；原因

中国古代铸造铜钱的历史悠久，种类繁多，是中华民族传统文化的宝贵财富，体现了民族的智慧。在 2 000 多年铸造铜钱的历史中，各个朝代所铸铜钱量多寡不一，且合金成分有或大或小的差异，这与铸钱所需矿产原料的储量、开采、铸造工艺、管理制度、社会形势等多个因素有关。至宋代，北宋铜钱铸造量大，南宋铜钱铸造量小。在广西出土的宋代钱币中，北宋铜钱的量比南宋铜钱大很多，而且在合金成分方面两者也有较大差异。

一、广西出土北宋铜钱与南宋铜钱合金成分差异

北宋铜钱与南宋铜钱的铜、铅、锡和铁等金属含量的组成比例存在差异。笔者用 Innov-X DCC-2000 手持金属分析仪逐枚检测贺州民族文化博物馆所藏广西出土的宋代钱币的铜（Cu）、铅（Pb）、锡（Sn）和铁（Fe）含量，所得数据如表1、表2所示。

表1　北宋铜钱的合金成分

名称	出土地点	Cu（%）	Pb（%）	Sn（%）	Fe（%）
太平通宝	贺州	69.19	29.55	0.30	0.61
淳化元宝	贺州	68.45	19.08	11.42	1.05

（续上表）

名称	出土地点	Cu（%）	Pb（%）	Sn（%）	Fe（%）
景德元宝	贺州	65.03	25.81	8.62	0.55
祥符元宝	贺州	53.52	31.33	14.03	0.92
天禧通宝	贺州	63.19	22.18	13.31	0.93
天圣元宝	贺州	68.19	21.91	9.75	0.15
皇宋通宝	贺州	65.19	23.29	10.25	1.27
至和通宝	贺州	60.00	30.60	8.75	0.65
嘉祐通宝	贺州	68.24	22.31	8.30	1.15
熙宁元宝	贺州	58.66	26.55	13.38	1.42
熙宁重宝	贺州	63.16	28.63	7.53	0.69
熙宁重宝	贺州	51.06	41.68	6.31	0.76
熙宁重宝	贺州	64.28	24.55	10.52	0.65
熙宁重宝	梧州	55.01	27.08	10.99	6.63
熙宁重宝	梧州	52.99	26.19	15.34	4.93
熙宁重宝	梧州	63.24	22.26	7.76	6.31
熙宁重宝	贺州	54.38	22.25	15.78	2.08
熙宁重宝	贺州	67.32	26.97	4.40	1.31
熙宁重宝	贺州	51.90	35.32	4.52	8.05
元丰通宝	贺州	64.60	23.84	10.94	0.61
元丰通宝	贺州	61.94	26.55	10.81	0.71
元丰通宝	贺州	51.84	40.50	4.22	1.87
元丰通宝	贺州	64.78	31.17	3.18	0.88
元丰通宝	梧州	54.80	39.14	4.02	1.91
元丰通宝	梧州	57.89	34.73	4.76	2.49
元祐通宝	贺州	51.13	41.37	6.91	0.39
元祐通宝	贺州	51.68	39.99	7.10	1.23
元祐通宝	梧州	53.15	23.92	16.31	5.28
元祐通宝	梧州	51.50	30.38	14.31	3.48
绍圣元宝	贺州	64.56	24.44	10.28	0.67
绍圣元宝	贺州	60.41	28.00	10.89	0.70

（续上表）

名称	出土地点	Cu（%）	Pb（%）	Sn（%）	Fe（%）
元符通宝	贺州	64.60	28.88	6.09	0.43
元符通宝	贺州	56.52	35.67	4.03	1.03
圣宋元宝	贺州	56.23	38.16	4.78	0.80
圣宋元宝	贺州	61.26	32.27	5.11	0.90
圣宋元宝	贺州	56.34	32.76	10.20	0.69
崇宁重宝	贺州	60.98	30.42	6.69	1.91
崇宁重宝	贺州	64.77	28.06	5.99	0.83
崇宁通宝	贺州	55.59	25.66	17.09	1.66
大观通宝	贺州	65.03	24.73	8.20	2.05
政和通宝	贺州	47.47	38.05	12.52	1.95
政和通宝	贺州	39.09	48.01	10.45	2.44
政和通宝	贺州	56.78	36.17	5.58	1.46
宣和通宝	贺州	54.13	39.43	3.05	3.39

表 2　南宋铜钱的合金成分

名称	出土地点	Cu（%）	Pb（%）	Sn（%）	Fe（%）
建炎通宝	梧州	40.71	35.70	5.74	15.81
建炎通宝	贺州	63.70	26.37	8.96	1.47
建炎通宝	贺州	54.38	38.45	5.29	0.76
绍兴元宝	贺州	74.13	23.06	2.20	0.61
绍兴元宝	贺州	68.30	21.41	10.09	0.14
景定元宝	贺州	56.48	39.54	2.63	1.35
咸淳元宝	贺州	45.56	47.94	4.37	2.13

从表 1 中 44 枚北宋铜钱的数据来看，其铜含量：最高的一枚是 69.19%，最低的一枚是 39.09%，在 70.00%～79.99% 的有 0 枚，在 60.00%～69.99% 的有 22 枚，在 50.00%～59.99% 的有 20 枚，在 40.00%～49.99% 的有 1 枚，在 30.00%～39.99% 的有 1 枚；铅含量：最高的一枚是 48.01%，最低的一枚是 19.08%，在 40.00%～49.99% 的有 4 枚，在 30.00%～39.99% 的有 16 枚，在 20.00%～29.99% 的有 23 枚，

在 10.00% ~ 19.99% 的有 1 枚；锡含量：在 10.00% ~ 19.99% 的有 19 枚，在 5.00% ~ 9.99% 的有 15 枚，在 0.10% ~ 4.99% 的有 10 枚；铁含量：在 10.00% ~ 19.99% 的有 0 枚，在 5.00% ~ 9.99% 的有 4 枚，在 0.10% ~ 4.99% 的有 40 枚。

从表 2 中 7 枚南宋铜钱的数据来看，其铜含量：最高的一枚是 74.13%，最低的一枚是 40.71%，在 70.00% ~ 79.99% 的有 1 枚，在 60.00% ~ 69.99% 的有 2 枚，在 50.00% ~ 59.99% 的有 2 枚，在 40.00% ~ 49.99% 的有 2 枚，在 30.00% ~ 39.99% 的有 0 枚；铅含量：最高的一枚是 47.94%，最低的一枚是 21.41%，在 40.00% ~ 49.99% 的有 1 枚，在 30.00% ~ 39.99% 的有 3 枚，在 20.00% ~ 29.99% 的有 3 枚，在 10.00% ~ 19.99% 的有 0 枚；锡含量：在 10.00% ~ 19.99% 的有 1 枚；在 5.00% ~ 9.99% 的有 3 枚，在 0.10% ~ 4.99% 的有 3 枚；铁含量：在 10.00% ~ 19.99% 的有 1 枚，在 0.10% ~ 4.99% 的有 6 枚。

下面对北宋铜钱和南宋铜钱的铜、铅、锡和铁这四种成分的含量在各个层次所占的比例进行对比（见表 3 至表 6，由于计算时四舍五入，表中数据相加可能不等于 100%）。

表 3　北宋铜钱与南宋铜钱的铜含量对比

铜成分含量	北宋铜钱（%）	南宋铜钱（%）
70.0% ~ 80.0%	0	14.3
60.0% ~ 69.9%	50.0	28.6
50.0% ~ 59.9%	45.5	28.6
40.0% ~ 49.9%	2.3	28.6
30.0% ~ 39.9%	2.3	0

表 4　北宋铜钱与南宋铜钱的铅含量对比

铅成分含量	北宋铜钱（%）	南宋铜钱（%）
40.0% ~ 50.0%	9.1	14.3
30.0% ~ 39.9%	36.4	42.9
20.0% ~ 29.9%	52.3	42.9
10.0% ~ 19.9%	2.3	0

表5　北宋铜钱与南宋铜钱的锡含量对比

锡成分含量	北宋铜钱（%）	南宋铜钱（%）
10.0% ~19.9%	43.2	14.3
5.0% ~9.9%	34.1	42.9
0.1% ~4.9%	22.7	42.9

表6　北宋铜钱与南宋铜钱的铁含量对比

铁成分含量	北宋铜钱（%）	南宋铜钱（%）
10.0% ~19.9%	0	14.3
5.0% ~9.9%	9.1	0
0.1% ~4.9%	90.9	85.7

　　表3铜含量对比的实验检测数据表明：北宋铜钱含铜的比例主要集中在50.0% ~69.9%，没有高于70.0%的，低于50.0%的比例非常低，没有低于30.0%的；南宋铜钱含铜的比例主要集中在40.0% ~69.9%，高于70.0%的也有一定比例。由此可知：北宋铜钱含铜的比例段较集中，南宋铜钱含铜的比例段较分散，其虽也有含量高的，但总体含量比北宋铜钱低。

　　表4铅含量对比的实验检测数据表明：北宋铜钱含铅的比例主要集中在20.0% ~29.9%，高于40.0%的比例较小；南宋铜钱含铅的比例主要集中在20.0% ~39.9%，高于40.0%的比例较小。由此可知：北宋铜钱含铅量高段的比例小于南宋铜钱含铅量高段的比例，北宋铜钱含铅量低段的比例大于南宋铜钱含铅量低段的比例。因此，从总体上来说，南宋铜钱含铅量比北宋铜钱含铅量要高。

　　表5锡含量对比的实验检测数据表明：北宋铜钱含锡量高段的比例大于南宋铜钱含锡量高段的比例，含锡量低段的比例小于南宋铜钱含锡量低段的比例。因此，从总体上来说，南宋铜钱含锡量比北宋铜钱含锡量要低。

　　表6铁含量对比的实验检测数据表明：北宋铜钱铁含量比例的分布较集中，南宋铜钱铁含量比例的分布较分散。

　　实验检测数据表明：北宋铜钱合金组成的特点是铜、铅、锡和铁的分布比例很集中。能做到这点，说明北宋铸造铜钱是制定了严格标准的，有统一的铸造技术规范要求。南宋铜钱的合金组成不如北宋铜钱科学，铅含量明显偏高，而铜、锡含量偏低，尤其是锡。早晚期南宋铜钱的合金组成明显不一样，早期铜、锡含量较高，铅含量较低；晚期铜、锡含量较低而铅含量显著增高。铅含量提高的原因是铸钱原料的获取比之前更加困难，因此大量使用廉价的铅来降低原料成本。

二、广西北宋铜钱与南宋铜钱合金成分差异形成的原因

（一）北宋铸造铜钱原料丰富

北宋时，梧州钱监是广西铸造铜钱的主要钱监，其所需铜、锡及铅等原料的来源有保障。《宋史》对铸造铜钱的用料有记载："凡铸钱用铜三斤十两，铅一斤八两，锡八两，得钱千，重五斤。"[1] 宋代《岭外代答》记载："右江溪峒之外有一蛮峒，铜所自出也，掘地数尺即有矿，故蛮人多用铜器。"[2] 蛮峒，可能是百色市的德保县。[3] 从德保县过田东县，从右江水运到达梧州，路程大概是 1 800 千米。[4] 笔者认为：除了从德保县运铜来之外，在离梧州更近之处也有铜的来源。梧州钱监铸钱产量颇高，如果完全依赖远来之铜，成本较大。北流市铜石岭，比德保县离梧州近些，考古发掘已经证实那里是汉代炼铜遗址。1977 年和 1978 年文物部门对其试掘了两次，发现了一批鼓风管、炼炉、炉渣、铜锭、铜矿石、灰坑、排水沟及陶瓷器等遗物和遗迹。截至目前，此遗址是广西面积最大的炼铜遗址，从遗物可断定为汉代炼铜遗址。[5] 史书记载："铜山，昔越王赵佗，于此山铸铜。"[6] 赵佗派人从广东到广西北流铜石岭采矿、炼铜，这表明北流的铜矿多。及至宋代，仍有铜矿可开采是有可能的，可供给梧州钱监铸钱用。宋代时，钦州和陆川县有铜矿山，都有开采，产出之铜用以铸钱。[7] 宋代广东韶州产铜量大："庆历八年九月，癸亥，三司言：'韶州天兴铜大发，岁采二十五万斤，请置监铸钱。'诏即其州置永通监。"[8] 由此可见其铜年产量之高，距离梧州不太远，交通便捷，供给部分铜给梧州钱监是有可能的。

关于锡和铅，贺州铅锡矿多，梧州距离贺州 160 千米左右，这样，梧州钱监所需的锡、铅就有了来源。贺州的地质年代是泥盆系，蕴藏着丰富的优质锡矿。[9] 由《宋史》可知："梧州以铅锡易得，万州以多铁矿，皆置监。"[10] "至道二年，始禁道、贺州

① 脱脱. 宋史 [M]. 北京：中华书局，1977：4379.

② 周去非. 岭外代答校注 [M]. 杨武泉. 校注. 北京：中华书局，1999：276.

③ 广西钱币学会考察组. 广西宋代梧州、贺州钱监考察报告 [C] //广西钱币学会. 广西钱币学会十年文章选篇（1985—1995）. 南宁：广西美术出版社，1997：31.

④ 广西钱币学会考察组. 广西宋代梧州、贺州钱监考察报告 [J]. 中国钱币，1996（1）：22.

⑤ 覃彩銮. 广西北流铜石岭汉代冶铜遗址的试掘 [C] //广西壮族自治区文物工作队. 广西文物考古报告集（1950—1990）. 南宁：广西人民出版社，1993：505 –512.

⑥ 乐史. 太平寰宇记 [M]. 北京：中华书局，1985：25.

⑦ 张声震. 壮族通史 [M]. 北京：民族出版社，1997：730.

⑧ 李焘. 续资治通鉴长编 [M]. 北京：中华书局，1986：3969.

⑨ 张春云. 宋代贺州钱监考述 [J]. 广西金融研究，1995（S1）：26.

⑩ 脱脱. 宋史 [M]. 北京：中华书局，1977：4383.

锡，官益其价市之，以给诸路铸钱。"①《壮族通史》记载贺州产锡尤多，境内马槽胫、擦米水、黄麋坪、梅子网、新塘、枫木冲、苦竹坪、癞头岭、金坑复、马山岩、大塘等 11 坑，岁产锡 12 600 斤。②《宋会要辑稿》载："贺州太平场元年收八十七万八千九百五十斤。锡坑冶元丰元年收总计二百三十二万一千八百九十八斤。"③ 元年收是指熙宁元年（1068）的锡产量。《广西通志》载："锡出贺县富川案峤南，粤中多产锡，以贺出者为最。"④《粤西文载》记："粤中多产锡，以贺出者为最，出于萌渚之峤，其山多锡，谓之锡方。"⑤ "贺" 即贺州。至于铅的来源，除了贺州产铅外，离梧州不远的地方也产铅。据《宋会要辑稿》记载，"浔州马平场三十六万六千五百斤"⑥，产量之高可供给梧州钱监铸钱。

铸钱所需矿产原料产量的高低，除了与其蕴藏量是否丰富有关，还与朝廷对矿产开采的政策有关。北宋官府对民间采矿的管理制度并不苛刻，且有调动民间采矿积极性的优惠措施。这一措施在宋神宗时期表现为对矿产税征收率出台了新规——"熙丰法"，"民间自备物料烹炼，十分为率，官收二分"。⑦ 只要矿主向官府按产量的 20% 交税，其余矿产的出售便可自由支配，不会出现官府再强制收购的现象。因此，矿主们可以择价售卖矿产，使其收入增加，采矿积极性也就提高了，从而促进了宋代冶矿业的发展。

（二）南宋铸造铜钱原料缺乏

对比北宋，南宋的铸钱量急剧下降。南宋初年是八万缗，之后有所增加，但顶峰时也只是二三十万缗，是北宋高峰时的二十分之一。⑧ "建炎经兵，鼓铸皆废。绍兴初，并广宁监于虔州，并永丰监于饶州，岁铸才及八万缗。"⑨ "自渡江后，岁铸钱才八万缗，近岁始倍，盖铜、铁、铅、锡之入，视旧才二十之一（旧一千三百二十万斤，今七十余万斤）。"⑩ "南渡，坑冶废兴不常，岁入多寡不同。今以绍兴三十二年（1162）及乾道二年比较，潼川……广西……铜冶废者四十五。"⑪ "绍兴元年（1131）十二月，

---

① 脱脱. 宋史 [M]. 北京：中华书局，1977：4378.
② 张声震. 壮族通史 [M]. 北京：民族出版社，1997：731.
③ 徐松. 宋会要辑稿 [M]. 北京：中华书局，1957：5382.
④ 金鉷. 广西通志 [M] // 黄廷桂，等. 四库全书 565. 上海：上海古籍出版社，1987：768.
⑤ 汪森. 粤西文载 [M] // 黄廷桂，等. 四库全书 1467. 上海：上海古籍出版社，1987：624.
⑥ 徐松. 宋会要辑稿 [M]. 北京：中华书局，1957：5385.
⑦ 李心传. 建炎以来朝野杂记 [M]. 上海：商务印书馆，1937：241.
⑧ 华山. 宋史论集 [M]. 济南：齐鲁书社，1982：117.
⑨ 脱脱. 宋史 [M]. 北京：中华书局，1977：4394.
⑩ 李心传. 建炎以来朝野杂记 [M]. 上海：商务印书馆，1937：233.
⑪ 脱脱. 宋史 [M]. 北京：中华书局，1977：4531 - 4532.

是时坑冶尽废，每铸钱一千，率用本钱二千四百。"[1] 建炎后，因为官府低价强买矿产，往日人气旺盛的韶州岑水场场地冷落，采铜生产几乎停止。官府只能使用数百名配役犯人或场兵从事胆铜生产。[2]

铜产量的急剧下降，导致铸钱原料极为缺乏。南宋朝廷采取从民间强行搜寻铜器的方法来获取铜：严禁民间私造铜器，违者处以严刑；掘坟墓，毁房屋；登记冶户姓名，指令按比例上交铜给官府，无铜户，则需熔钱得铜上交。"绍兴六年（1136），敛民间铜器，诏民私铸铜器徒二年。十三年……兴废坑冶，至于发冢墓，坏庐舍，籍冶户姓名，以胆水盛时浸铜之数为额。无铜可输者，至熔钱为铜，然所铸亦才及十万缗。"[3] "绍兴二十八年（1158），上命御府铜器千五百专付，泉司大索民间铜器，告者有赏，其后得铜二百余万斤，寺观钟磬铙钹，既籍定投，务外不得添铸。"[4]

南宋时，锡、铅产量也急剧下降。"渡江后，其数日减，至绍兴末，贺州产锡一万二千六百斤。"[5] 在北宋熙宁以前，锡的年产量为 25 万千克。前后对比，差距非常之大。"渡江后，其数日减，至绍兴末，浔州产铅二万二千二百斤，宾州产铅五千六百斤，邕州产铅五千斤。"[6] "渡江后，其数日减，至绍兴末，视祖额，铁才及四分余，铅及六厘，铜及四厘，锡及三厘，皆弱。"[7] 出现这种产量锐减现象的原因何在？除了北宋时期的大量开采导致矿藏的原始储藏量下降外，另有原因：一是从北宋末年到南宋，社会动乱，战争频繁，坑冶业在劫难逃，位于荒山野岭的坑冶户财产及人身安全无保障。史书记载："韶州岑水场，方其盛时，场所居民至八九千家，岁采铜铅以斤计者至数百万，自建炎以来，湖湘多盗淫，及于英韶，焚掠死徙，无有宁岁，今所存坑户，不能满百，利入甚鲜，饥寒切身，无由尽力为国兴利。"[8] 广东的采矿场如此，同样时代背景下的广西采矿场也难逃此劫。二是长时间内，官府都强制坑冶户将一部分矿产卖给官府，但支付给他们的货款却没能按时按量。[9] 历史记载："然民间得不偿课本，州县多责取于民，以备上供。"[10] 三是到了南宋，受财政困扰，此类问题更为严重，加上南宋时物价上涨，坑冶业的开采、冶炼成本大幅提高，利润锐减，导致坑冶户的生

① 李心传. 建炎以来朝野杂记 [M]. 上海：商务印书馆，1937：234.
② 汪圣铎. 两宋财政史 [M]. 北京：中华书局，1995：725.
③ 脱脱. 宋史 [M]. 北京：中华书局，1977：4394.
④ 马端临. 文献通考 [M]. 杭州：浙江古籍出版社，2000：97.
⑤ 李心传. 建炎以来朝野杂记 [M]. 上海：商务印书馆，1937：233.
⑥ 李心传. 建炎以来朝野杂记 [M]. 上海：商务印书馆，1937：232.
⑦ 李心传. 建炎以来朝野杂记 [M]. 上海：商务印书馆，1937：233.
⑧ 富大用. 古今事文类聚外集 [M] //黄廷桂，等. 四库全书929. 上海：上海古籍出版社，1987：123.
⑨ 汪圣铎. 两宋财政史 [M]. 北京：中华书局，1995：304.
⑩ 李心传. 建炎以来朝野杂记 [M]. 北京：中华书局，2000：353.

活难以维持，因此他们的采矿积极性受到了很大打击，很多人退出了此行业。[①]

三、结论

金属分析仪检测数据表明北宋铜钱的特点是铜、铅和锡的分布比例集中，这体现了北宋铸造铜钱的高标准、高要求和技术到位。南宋早期铜钱的合金组成中铜、锡含量较高，铅含量较低，晚期铜、锡含量较低而铅含量显著增高，这体现了南宋铸造铜钱的标准下降、成本降低，铜钱质量无法与北宋的相媲美。北宋铜钱与南宋铜钱合金成分的差异，究其原因，最直接的是铸钱原料的来源是否有保障——北宋铸造铜钱原料丰富，南宋铸造铜钱原料缺乏；深层次的原因与官府对铸钱所需矿产的开采管理制度、社会形势动乱与否及程度息息相关。综合以上因素来看，南宋铜钱合金成分不如北宋铜钱合金成分合理科学，南宋铜钱不如北宋铜钱质量好也就在所难免了。

---

① 汪圣铎. 两宋财政史 [M]. 北京：中华书局，1995：304.

关于明代广西铸钱的若干问题

周仁琴

（广西师范大学历史文化与旅游学院）

摘　要：广西地区由于地理原因，矿产资源相对丰富，自唐代起就开始铸造钱币，宋代梧州、贺州、浔州等钱监的设立表明广西在当时已具备独立铸钱的能力。明代洪武年间广西就已开始自铸钱币，且钱币合金成分随着中央政策的变化而转变。从最初的背"桂"钱到明中后期含"锌"钱的出现，除了体现中央的决策之外，还体现了地区矿业的发展及钱币铸造技术的提升。因此，钱币铸造不是单一的政治政策表现，还是矿业经济情况、科技发展水平的反映。

关键词：明代；矿冶；铸钱

一、铸钱原料的开发冶炼

广西矿产资源的开采及冶炼历史悠久，从铜鼓的出现就可窥见一斑。这些矿产资源的开发及冶炼除了用于军事、农业等方面外，另一个重要作用就是为铜钱铸造提供主要原料。清代孙承泽《春明梦余禄·上》卷三十七载："钱以铜、铅掺杂而成，而铜、铅各有产处，搬运重难。是以历代多即坑冶附近之所置监铸钱。"[①] 这种在矿产地附近设钱监的举措既利用了交通便利之宜，又节约了铸钱成本，带动了当地的经济发展。由《广西历史货币》一书中"广西出土钱币合金成分分析"[②] 可知，广西地区出土和自铸的明代钱币中，其合金成分铜、铅、锡比例较大，除万历通宝、崇祯通宝中锌的成分超过锡之外，其他钱币的成分中都是这三者占主要地位。虽然锌在明前期表现不强，但是自嘉靖起锌在钱币铸造中就占有重要位置，广西出土和自铸钱币中锌的含量起伏波动颇大。如此，本文所提及的明代广西矿业主要是铜、铅、锡、锌四种，主要采炼铸钱原料。

---

① 孙承泽. 春明梦余禄：上 ［M］. 王剑英，点校. 北京：北京古籍出版社，1992：667 - 668.
② 广西钱币学会. 广西历史货币 ［M］. 南宁：广西人民出版社，1998：157 - 158.

广西铸钱历史悠久，内容颇多。现存与明代广西矿产开发冶炼、钱币铸造等直接相关的物质遗产不多，但从历史文献和考古出土方面可以管窥明代广西矿业与铸钱活动的盛况。本文关于广西矿业文献记载的时间节点主要是唐宋到明代，由于时间相近，记录翔实，矿产资源的地理位置应变化不大；又因官方铸钱自唐代时才在广西开始，伴随着铸钱活动的出现，铸钱原料的开采及冶炼业在官方指导下同时发展。

（一）铜

作为铸钱原料不可或缺的一部分，铜的地位是毋庸置疑的。在唐宋的文献记载中，不乏有关广西铜矿资源开采及利用的资料，正是在铜矿开采技术不断提升的前提下，广西的铜钱铸造才能顺利进行。

关于唐宋时期广西铜矿资源的开采及利用，主要见载于《新唐书·地理志》、李吉甫《元和郡县图志》、范成大《桂海虞衡志》、周去非《岭外代答》等。这些史料中均有提到铜料的开采，反映了唐宋时广西已确切有铜矿存在，且铜矿开采及利用已经形成较为成熟的技术链条，已能支撑铜镜、铜钱等合金类产品的制造。宋代梧州、贺州、浔州钱监的出现更是佐证了唐宋时期广西铜矿发展及利用的历史事实。

唐宋时期的铜料开发为明代奠定了良好基础，既标明了铜矿出产的具体位置，又为明代铜料的利用提供了明确目标。明嘉靖年间《广西通志》记载了当时铜料的出产主要为"贺县出，又邕州右江出有矿云"①。《南宁府志》载当时南宁府有出"生铜共五十五斤"②。虽然明代广西在唐宋的基础上已有熟练的铜矿开采冶炼技术，但是当时铜料运用于铜钱铸造上的数量并不多。这主要是由于铜料开采冶炼工作繁重精细，对技术要求颇高，且为了达到铸钱的理想效果，工匠要将铜料与其他材料共同融合冶炼，加大了铜料冶炼的难度。如《天工开物》所提"以炉甘石或倭铅参（掺）和，转色为黄铜；以砒霜等药制炼为白铜；矾、硝等药制炼为青铜；广锡参（掺）和为响铜；倭铅和写（泻）为铸铜。初质则一味红铜而已"③。另外，广西地区民众自古就喜爱铜器（铜鼓的铸造就是明显例证），铜料的用处没有专注于铸钱；而且采铜贩铜利益丰厚，民众为利而私自开采。这些都造成在铸钱活动中铜料的不足，进而影响到钱币铸造，没能达到铜矿开发与铸钱相互作用的理想效果。因而明代广西铜钱的铸造数量与唐宋时期相比并无优势。

---

① 林富，黄佐．嘉靖广西通志：卷二十一（北京图书馆古籍珍本丛刊41 影印版）［M］．北京：书目文献出版社，1990：271.

② 日本藏中国罕见地方志丛刊．嘉靖南宁府志：卷三［M］．北京：书目文献出版社，1990：380.

③ 宋应星．天工开物［M］．管巧灵，谭属春，点校注释．长沙：岳麓书社，2002：309.

（二）铅

《天工开物》载"凡产铅山穴，繁于铜、锡"①。说明铅是与铜、锡"伴生"的，多混杂在铜矿、锡矿、银矿之中，在冶炼铜、锡时也会随之得到铅。从铜矿中出的铅，经过冶炼，铅随铜出的叫铜山铅；铅从银出叫银矿铅；天然铅矿出的铅叫草节铅，但是这种铅矿开采条件比较艰难，难以获得；将草节铅投入炼炉冶炼，得扁担铅。如此种种，无不说明铅需要从其他金属中提取，工序复杂，获取难度不亚于铜。

根据文献记载，明代广西的铅主要出自柳州、梧州、浔州，在《大明一统志》中有明确记载：柳州府"土产：铅，上林县出"②，梧州府"土产：铅，藤县出"③，浔州府"土产：银，各县出；铅，贵县出"④。单从文献梳理，只能得到几处产铅的记载。但是广西产银、产铜区域范围颇广，如果结合上述铅出自银、铜的说法，那么广西铅出自银、铜产地的可能性较大，其冶炼技术也应与当时文献记载相差无几。

（三）锡

如果对明代广西矿产进行排名的话，最著名的应该是锡了。"古书名锡为'贺'者，以临贺郡（今广西贺县）产锡最盛而得名也。今衣被天下者，独广西南丹（今广西西北部）、河池二州居其十八，衡、永则次之。"⑤ 此段史料足以说明广西锡在全国的地位。锡和铅一样，能与其他金属相作用，所以用途甚广。其中一个重要用途，是在铸钱时加入一定比例的锡与其他矿料共同作用。为什么要在铸币时加入锡，《春明梦余禄》中记载嘉靖时期工部有条议称："铸钱必用水锡者，以铜性躁烈，非用锡引，则积角不整，字画不明。"⑥ 即铸钱时加入锡能弥补铜料不易熔化、流动性差、难以固型、不易铸造的不足。

嘉靖《广西通志》记载："南丹州，贡香果八十五斤锡五百一十三斤马二疋。"⑦说明早在嘉靖时，广西南丹锡矿开采已具规模并成为地区特色。

明代广西南丹地区锡矿资源在《徐霞客游记》之《粤西游日记四》中有详细记载，书中不仅说明了锡矿的地理位置，而且对于其产地的分布、开采以及贸易都有较

① 宋应星．天工开物［M］．管巧灵，谭属春，点校注释．长沙：岳麓书社，2002：316.

② 李贤等撰．大明一统志：下［M］．西安：三秦出版社，1990：1276.

③ 李贤等撰．大明一统志：下［M］．西安：三秦出版社，1990：1289.

④ 李贤等撰．大明一统志：下［M］．西安：三秦出版社，1990：1295.

⑤ 宋应星．天工开物图说［M］．曹小欧，注释．济南：山东画报出版社，2009：464.

⑥ 孙承泽．春明梦余禄：下［M］．王剑英，点校．北京：北京古籍出版社，1992：1009.

⑦ 林富，黄佐．嘉靖广西通志：卷二十（北京图书馆古籍珍本丛刊41 影印版）［M］．北京：书目文献出版社，1990：259.

为详细的记述。

先是采锡之地及出锡之所："又里许，穿巘而降至坞底，则有小水自南而北，大路亦自南随之，则锡坑道也。……于是溯溪南土山北麓行，西向升陟共十里，有茅数楹在南山之半，曰灰罗厂，皆出锡之所也。"再有督井分布："岭东路旁有督井种种，深数丈，而圆仅如井大，似凿掘而成者，即锡穴也。"[1] 有学者认为这些督井是"采矿者挖凿而出的矿窿竖井，作通风、运矿之用"[2]。在《徐霞客游记》中还提到了银、锡的采集及冶炼方法："银、锡俱掘井取砂，如米粒，水淘火炼而后得之"[3]。可见明代时南丹地区不仅锡矿丰富，而且已经有成熟的技术用以开采锡矿。锡有山锡、水锡之分，二者皆用洪炉冶炼，用砂辅助，用铅作引，经过多道工序后得锡（见图1）。

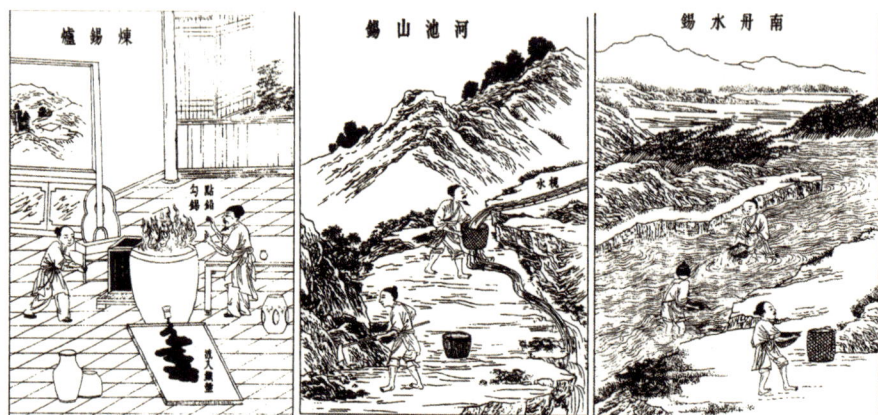

图1　明代南丹地区锡矿及冶炼场景[4]

大面积的锡矿开采、冶炼，使以南丹为首的周边地区逐渐有银厂、锡厂形成："其地（厂有三）曰新州，属南丹；曰高峰，属河池州；曰中坑，属那地。皆产银、锡。三地之间，仅一二里，皆客省客贾所集。"[5] 银厂、锡厂的形成说明当时广西西北地区锡矿业已经形成规模且有一定流程体系，各省之间也有频繁的商业贸易往来。

---

① 徐弘祖. 徐霞客游记［M］. 上海：上海古籍出版社，2016：310.

② 陆秋燕，马贤.《徐霞客游记》与南丹明清矿产开发［J］. 广西民族大学学报（自然科学版），2018（2）：22.

③ 徐弘祖. 徐霞客游记［M］. 上海：上海古籍出版社，2016：310.

④ 宋应星. 天工开物［M］. 管巧灵，谭属春，点校注释，长沙：岳麓书社，2002：336－338.

⑤ 徐弘祖. 徐霞客游记［M］. 上海：上海古籍出版社，2016：312.

（四）锌

锌并不是天然的矿物，而是经过冶炼之后形成的产物。其冶炼原料主要是炉甘石（一种天然矿物），冶炼方法较为简单：用罐封存，以火炼制，待成团后冷却，除罐即得。

早在天顺年间广西已有炉甘石的开采记录，天顺五年（1461）成书的《大明一统志》载广西的炉甘石"俱融县出"[①]，但这时候的炉甘石并没有明确表明是用于炼锌用，其在炼丹、医药方面使用更广。

锌与铜共同冶炼能得到黄铜。《本草纲目》中曾提到："炉甘石大小不一，状如羊脑，松如石脂，亦粘舌。……赤铜得之，即化为黄。今之黄铜皆此物点化也。"[②] 那么，黄铜的冶炼变化顺序应是：炉甘石—锌 +（铜）—黄铜。目前学界大多认为"自嘉靖起采用了新的铸钱材料，即用黄铜铸钱"[③]。加入锌的铜钱质量较高，铜质更纯，这种钱币中合金元素的改变不仅是广西钱币铸造技术的变化助因，更是中国铸钱技术的一大进步。

综上所述，明代广西矿冶业特点可总结为以下几方面：一是矿产种类丰富，产矿区域面积广；二是明代金属开采及冶炼技术不断进步；三是矿冶业的发展深深影响着广西地区的各个方面，特别是在钱币铸造方面，新的矿产资源的开发被应用到钱币铸造上，改变了钱币合金元素的成分及比例，使钱币质量、色泽、数量等发生变化。

二、矿料与明代广西钱币铸造

矿产资源对地区铸钱活动起着主要作用，矿产冶炼的不断发展为明代广西铸钱创造了有利条件，在国家政策的支持下，广西铸钱活动与矿业开发共同进行。

广西地区的官方铸钱应是从唐代始，"武德四年（621），铸开元通宝，径八分，重二铢四参，积十钱重一两，得轻重大小之中，其文以八分、篆、隶三体。洛、并、幽、益、桂等州皆置监"[④]。直至民国，广西地区也一直沿革着铸钱的历史。广西能成为铸币基地，一方面是受政治环境影响，广西是中央政府管辖下的边缘重地之一，货币铸造流通切合国家大政方针，需要有力把控；另一方面是广西有铸钱的有利条件，即矿

---

① 李贤等. 大明一统志：下［M］. 西安：三秦出版社，1990：1276.

② 李时珍. 本草纲目图文珍藏本：上［M］. 北京：中国医药科技出版社，2016：379.

③ 周卫荣，戴志强，等. 钱币学与冶铸史论丛［M］. 北京：中华书局，2002：82.

④ 欧阳修，宋祁. 新唐书［M］. 北京：中华书局，1975：1384.

产资源丰富，能满足地方性的货币铸造流通。

元末，朱元璋称帝前在江西设宝泉局，铸大中通宝，分五等，并下令在各省分设宝泉局分铸，且各省分局铸钱背后记有局名，因而广西铸造的大中通宝为背"桂"字。朱元璋即帝位后，"颁'洪武通宝'钱，同样，在洪武钱后面背"桂"字，以表铸钱局"。亦即是说，在洪武初年广西已经有铸钱活动，承担铸钱任务，铸有大中通宝5式、洪武通宝（见图2）12式。①

图2　洪武年间所铸的洪武通宝②

《广西历史货币》一书中测试了四枚"洪武通宝"，这四枚铜钱的铜含量占比较高，最高的达到75.60%，最低的含量也为58.42%。③ 这与当时的国家铸钱政策和开矿要求有关，据《洪武间则例》规定："当十钱一千个……用生铜六十六斤六两五钱；当三钱三千三百三十三个……用生铜六十五斤九两二钱五分；折二钱五千个……用生铜六十六斤六两五钱；小钱一万个……用生铜六十六斤六两五钱。"④ 在早期的铸钱规定中并没有添加其他矿料，但是《洪武间则例》并没有得到真正的施行。从国家政策变化及广西铜矿的开发来看，洪武年间广西铸造的钱币含铜量虽比崇祯朝的少，但相对于明代其他时期其含铜量都是最高的。虽然在铸造过程中提炼纯铜的目标并没有实现，但是在铸造过程中应是向这个目标靠拢的，因而广西铸造的洪武钱含铜量都较高。

关于洪武年间广西铸钱数并无明确记载，仅在《大明会典》中记载有各布政司的铸炉数及年生产钱数（见表1）。

---

① 广西钱币学会. 广西历史货币［M］. 南宁：广西人民出版社，1998：92 – 93.

② 刘飞燕，刘伟. 华夏古钱拍卖价格图鉴［M］. 北京：中国书店出版社，2012：161.

③ 广西钱币学会. 广西历史货币［M］. 南宁：广西人民出版社，1998：157.

④ 李东阳，等. 大明会典：第五册［M］. 申时行，等重修. 扬州：江苏广陵古籍刻印社，2007：2635.

表 1　洪武年间各布政司铸炉数及年生产钱数①

地点	北平	广西	陕西	广东	四川	山东	山西	河南	浙江	江西
铸炉数	21 座	15 座半	39 座半	19 座半	10 座	22 座半	40 座	22 座半	21 座	115 座
年铸钱量	1 283 万 400 文	903 万 9 600 文	2 303 万 6 400 文	1 137 万 2 400 文	583 万 2 000 文	1 212 万 2 000 文	2 332 万 8 000 文	1 312 万 2 000 文	1 166 万 4 000 文	6 706 万 8 000 文

从表 1 可以看出，相对于其他布政司来说，广西铸钱数并不算多，除了广西、四川布政司以外，其余各省布政司年铸钱量皆在千万以上。而四川之所以铸炉少、铸钱少，是由于当地商人将铜料运往荆州贩卖导致当地铜料减少；其余各省的铸炉数及铸钱数应与地区产铜有关，如《明会要》记载明初时"江西德兴、台山已有铜场"②。因而，铸炉的多寡及铸钱的数量应与铜料供应有关，并且，以上各省大多都有较为发达的交通，能满足采铜铸钱的条件。前文已经分析了明代广西产铜的不足，此处不再赘述。

"而广西除洪武时铸钱已如上述外，大致在永乐九年曾铸永乐通宝，嘉靖六年铸嘉靖通宝。"③ 永乐六年（1408）明政府下诏令铸造永乐通宝，这时候的钱制与洪武时期区别不大，同样重钞轻钱，不太重视铜钱铸造。而关于开矿铸钱，其态度与明太祖时亦有相似之处，都不重开矿而重农业及赋税。如永乐十年（1412）"广西河池县民言'县有银矿大发'，长沙府民言'乡产铜，发民采炼，可获厚利'。上曰：'献利以图侥幸者小人也，国家所重在民安，不在于利。'皆斥之"④。在这种大环境下，广西铸造的永乐通宝数量少，种类少，铜、铅、锡比例与洪武钱相比有所变化。在文献记载中并没有发现永乐钱与洪武钱有统一的用料配方，只是对用铜量有严格规定。如此看来，对铸钱中的贱金属成分不做硬性规定，应是当时铸钱的一大特色。

弘治以后，明代的铸钱都为黄铜钱，主要原因是开始在铸钱中使用锌这种金属。"明初时钱料的配合是仿宋元两代的旧制的，而宋初钱料的配合又是仿唐代开元钱的。所以明洪武、永乐、弘治诸朝的制钱成分都和开元钱相似而不含锌的。但自嘉靖以后，采锌炼铜的事实就见诸记载。"⑤ 由锌与铜融合炼成的称黄铜，用黄铜铸造的钱币较为

① 李东阳，等. 大明会典：第五册 [M]. 申时行，等重修. 扬州：江苏广陵古籍刻印社，2007：2637.

② 龙文彬. 明会要 [M]. 北京：中华书局，1956：1099.

③ 广西钱币学会. 广西历史货币 [M]. 南宁：广西人民出版社，1998：24.

④ 明太宗实录·卷一百二十八 [M/OL]. 中国社会科学网，http://www.cssn.cn/sjxz/xsjdk/zgjd/sb/jsbml/mtzsl_14480/201311/t20131120_843863.shtml? COLLCC = 531649892&.

⑤ 王琏. 从明清两代制钱化学成分的研究谈在该时期中有色金属冶炼技术在中国发展情形的一斑 [J]. 杭州大学学报，1959（5）：52.

耐磨，铜质较好，铜钱不易生锈，钱币质量高。这是明代铸钱技术的转折，亦是中国铸钱技术的一大进步。

明世宗朱厚熜于嘉靖六年（1527）开铸嘉靖通宝，为光背小平钱，钱文除了楷书外，还有真书直读。广西出土和铸造的嘉靖通宝（见图3）共有三式，制作工整，字迹较为清晰。在《广西历史货币》一书中有万历通宝的合金成分分析，其中锌的含量高达 22.32%，[①] 是除了铜之外最高的金属含量。

图3　广西出土的明代嘉靖通宝[②]

广西炼锌的具体年代并不可考，仅有少数学者从史料及实验中分析，提出"广西炼锌的年代应是在明万历年间（1605 年以后）"[③]。但是在《大明一统志》已有关于炉甘石的记载，了解《大明一统志》的成书年代（天顺年间），将万历通宝的年代往嘉靖年前推，以及《大明会典》"嘉靖中则例"的铸钱规定："通宝钱六百万文合用，二火黄铜四万七千二百七十二斤。"[④] 这说明明代广西铸造的嘉靖钱、万历钱与洪武钱相比，锌的含量提高了，铜、铅的含量都降低了，这应是嘉靖朝、万历朝使用"二火黄铜""四火黄铜"的结果，因而可以推断：在嘉靖、万历时期，广西铸钱中的锌比例与

---

① 广西钱币学会. 广西历史货币［M］. 南宁：广西人民出版社，1998：157.
② 广西钱币学会. 广西历史货币［M］. 南宁：广西人民出版社，1998：220.
③ 孙邦东，潘其云. 广西环江县北山铅锌黄铁矿矿床发现史［J］. 广西地质，1994（3）：70.
④ 李东阳，等. 大明会典：第五册［M］. 申时行，等重修. 扬州：江苏广陵古籍刻印社，2007：2636.

全国的古铜钱合金成分发展一致，为了提高铸钱质量，在铸钱中加入了更多的锌。

虽然明代广西铸钱数量不多，矿冶也时开时闭，但是铸钱中的铜含量相较于北宋钱来说却占比更大。明钱的铜含量占比普遍在60%以上，而北宋钱多低于60%，铅含量北宋钱高于明钱，说明广西明钱的成色比北宋钱的成色要好。这种情况的出现除了与明代广西有矿料来源及明钱总体数量少有关，还应与当时明王朝严厉的用铜政策有关。

明代的用铜政策主要施行在遏制民间私铸钱上，控制私铸钱的产生可以节省铜料用于官方铸钱，保证官铸钱的便利通行。为了让铜料用于官方正途，明政府在遏制私铸钱上制定了严格的法律条例，如"凡私铸铜钱者，绞。匠人罪同。……若将时用铜钱剪错薄小，取铜以求利者，杖一百"①，"私铸铜钱，为从者，问罪，用一百斤枷，枷号一个月。……若贩卖行使者，亦枷号一个月，照常发落。"② 明代历朝除了遵循《大明律》之外，还制定了各种政令以图控制私铸情况。这些严厉措施，在一定程度上扼制了私铸钱的大量产生，节省了铜料，保证了官方铸钱的合法地位。

归结明代广西铸钱的特点，有四个方面：第一，依托于国家政策下矿产资源的开发冶炼。广西桂林、浔州等地矿产资源丰富，唐代就已设监铸钱，明代亦没有间断；第二，铸造的钱币具有明显地方性特征，如洪武年间的背"桂"钱；第三，铸钱活动与矿业发展相互促进，共同发展；第四，以上所有特点都适应于明代全国各地的铸钱史，即明代广西铸钱活动与全国铸钱发展脉络相同，这主要因为铸钱是官方掌控下的行为活动，所以具有共性。以上种种，说明国家法定货币的统一性与地方性共存，矿产资源的开发利用对铸钱活动有着重要的作用，黄铜钱的铸行体现了当时矿业开发冶炼的技术水平，促进了铸钱技术的进步。

三、明代广西钱监

关于明代广西铸钱的地点，目前还没有发现遗址，但是通过对历史文献的分析及此前广西设立钱监的经验，可从历史事实出发，推断明代广西钱监的地理位置。根据唐代及北宋官方设在广西的钱监地点，结合前人的研究成果，笔者认为明代广西铸钱地点有两种可能，一是在桂林府，二是在浔州府（今桂平）。

---

① 怀效锋. 大明律［M］. 北京：法律出版社，1999：193.
② 怀效锋. 大明律［M］. 北京：法律出版社，1999：431.

（一）桂林府

在桂林设钱监，主要有三个优越条件。第一，地理位置优越，桂林府"东至湖广永州府道，州界六百里；西至浔州府南平县（今南平市）界三百五十里；南至柳州府马平县界二百六十里；北至湖广宝庆府武冈州界三百八十里；自府治至南京四千二百九十五里"①，地域面积较为广阔，与其他各地区的连接也使得桂林的交通比较发达，能实现地区之间的交通衔接。桂林府内的湘桂走廊、漓江水路等便利的水陆交通能将贺县（今贺州市）的铜与锡、梧州与柳州的铅等矿产资源通过发达的交通运到桂林，为桂林钱监铸造铜钱提供了矿料保障。第二，桂林此前有过铸钱的基础，既有产铜地和开采技术，也有冶铸技术及经验。桂林的荔浦、修仁、恭化等地在唐代就有铜出产，开元年间桂林的贡赋中就已有铜镜上贡，而且广西历来铸造铜鼓，说明在铸钱技术上有较好的基础。第三，在此地设立钱监有政治之便，也能满足当时桂林及周边地区民众的钱币需求。明代桂林有静江王府立于此地，在政治、经济、文化上更贴近中央王朝，为铸钱提供了便利；另外，桂林地区的众多人口也需要大量的钱币来满足生产生活需求。"明嘉靖元年（1522），临桂县有 20 590 户，123 413 人"②，仅一县城人口就已过万，由此可见当时桂林的人口规模。有了以上三个铸钱的优越条件，那么在桂林市的地域范围内发现铜钱实物也就不足为奇了，如 1991 年在桂林加宽南门桥的施工工地上出土了几百枚洪武纪重钱；在桂林附近县城如永福、临桂、荔浦、阳朔等地均有洪武钱的发现。这些铜钱的发现，至少说明了在洪武年间，桂林一直作为广西铸钱中心开铸过各式铜钱。

（二）浔州府

在地理位置上，"浔州东至梧州府藤县界一百六十五里，西至南宁府宣化县界五百一十八里，南至梧州府县界一百八十八里，北至柳州府武宣县界一百八十里，自府治至南京五千五百里"③，与桂林同样有地理之便，大藤峡、浔江等水路交通使得各地与浔州连接在一起，交通方便，是广西东南部的交通枢纽及经济重镇。南宁的铜、梧州的铅、融县的锌等矿料都可通过便利的交通运到浔州。

在宋代时，浔州就已有钱监设立，为明代铸钱打下了良好的基础。1987 年在桂平县城发现的明代钱监遗址中，出土了铸造的 53 枚崇祯钱，证实了在明末浔州确有钱监

---

① 李贤，等. 大明一统志：下 [M]. 西安：三秦出版社，1990：1265.

② 广西地情资料库，http：//lib. gxdfz. org. cn/view – c34 – 47. html。

③ 李贤，等. 大明一统志：下 [M]. 西安：三秦出版社，1990：1293.

铸钱。浔州钱监的铸钱历史并不长，且没有明确的文献记载，但是从桂平出土的实物来看，广西在崇祯年间仍承袭旧制开炉铸钱。这一时期铸钱数量少、品种类别少的主要原因是当时广西地理位置相对偏僻，受战争的影响比其他地区小，因而对钱币的需求也相对少得多。

在便利的交通及丰富矿料来源的支持下，桂林及浔州在明代承担着地区铸钱的职责，在广西铸钱史上占有重要地位。

四、结语

铜钱的铸造与矿业开发紧密相连，只有地区矿产的冶炼开发达到要求才能满足钱币的铸造条件。广西地区矿产资源相对丰富，矿产的开发冶炼为明代广西铸造钱币提供了原料，加上该地区自古就有铸造铜鼓等合金类产品的技术基础，因而能成为自主铸造钱币的地区之一。钱币的铸造也从侧面反映了当时广西矿业开发冶炼的程度。桂林、浔州能成为明代铸钱的主要地点，除了在政治方面的重要性之外，其相对丰富的矿产资源和此前曾铸钱的历史亦是不可忽视的因素。弄清矿料来源，正确把握钱币发展脉络，有助于理清当时广西矿业开发和钱币铸造的关系，为明代广西钱币研究提供新思路与新方向。

（本文为广西钱币学会 2018—2019 年度学术课题"学生研究项目"结项成果）

广西南明钱的发现与研究

陈 凯

（广西师范大学历史文化与旅游学院）

摘 要： 广西是南明抗清的主要地区之一，南明政权尤其是南明永历政权出于筹措军资等方面的原因，铸造了许多钱币。20世纪80年代以来，广西出土了大量不同版式和种类的南明钱。本文根据广西所发现的南明钱，分析其型式，归纳其特点，以便深入研究广西南明时期的经济状况和政治形势。

关键词： 南明钱；发现；特点

一、南明时期广西的时代背景

（一）弘光政权

崇祯十七年（1644）3月，李自成率农民起义军攻破北京城，崇祯皇帝在煤山自缢而死。明朝灭亡后，在南方地区先后出现了好几个由明朝皇族建立的政权，史称南明政权①。同年五月，在凤阳总督马士英等人的拥戴下，福王朱由崧在南京登基称帝，建元弘光，这是明朝宗室在南方建立的第一个南明政权②。弘光政权控制江南大部分地区，力量相当雄厚。但是由于其统治阶级内部矛盾重重，不能齐心御敌，1645年5月，清军攻破南京，弘光帝被俘后被处死，弘光政权覆灭。这一时期，南明与清军在长江流域交战，而广西地处五岭以南，基本未受到战争的影响，社会比较稳定，经济较为发达。

（二）隆武政权

弘光元年（1645）6月，唐王朱聿键在郑鸿逵、郑芝龙和黄道周等人的保护和拥

---

① 钟文典，等.桂林通史［M］.桂林：广西师范大学出版社，2008：126.
② 胡小虎.几种不同版式弘光通宝钱的收藏与鉴赏［C］//桂林钱币学会.桂林钱币学会十年文选（二）.南宁：广西民族出版社，2013：121.

立下于福州称帝，改元隆武。同年六月，鲁王朱以海监国于绍兴。八月，广西桂林的靖江王朱亨嘉也不甘寂寞，于桂林自称监国。但是朱亨嘉仅一个月后就被广西巡抚瞿式耜和两广总督丁魁楚所擒，于次年四月缢杀于福建连江。鲁王政权与隆武政权为争夺正统地位互相攻伐，隆武二年（1646）6月，鲁王兵败绍兴。① 同年8月，因郑芝龙降清，隆武帝在汀州被杀，隆武政权灭亡。

隆武时，匪寇益重，战火已经南移至湖广等地，隆武政权实际控制的区域大幅度缩减。广西自靖江王朱亨嘉"监国之变"后，正式奉隆武为正统。"绍宗嗣立，寇患益深，炉多停铸。……钱源少裕，民困大苏。"② 为了纾解民困和筹集军资，当权者决定在广西境内铸隆武通宝。

（三）永历政权

在1646年10月，丁魁楚、瞿式耜、吕大器等两广主要官员及一些亡明旧臣拥戴明神宗之孙、桂王次子朱由榔在广东肇庆监国，仍称隆武二年。③ 同年11月17日，在广东肇庆称帝，以次年（1647）为永历元年，永历政权正式建立。这是最后一个南明政权，也是抗清坚持时间最长的南明政权。

永历政权共分为三个时期。第一个时期是永历元年（1647）至永历五年（1651）。这一时期永历政权主要依靠南明旧臣和明将的力量抵抗清军南下，活动范围主要在湖南、两广等地，政权处于朝不保夕的流亡状态。虽然在瞿式耜、何腾蛟等文武大臣的辅佐下取得了第三次桂林保卫战的胜利，使得永历政权达到全盛，④ 但是永历政权内部矛盾重重，大臣之间争权夺利，诸将各自为政，势如水火，为谋私利而置抗清大局不顾，内乱不断。因此，广西的抗清形势江河日下。最终，孔有德攻破桂林，不久便攻占广西各地，⑤ 永历政权被迫退出广西境内。第二个时期是永历五年至永历十五年（1661）。这一阶段主要是永历政权联合以孙可望和李定国为首的大西军协力抗清，永历皇帝大部分时间都在贵州安龙府。永历六年（1652）四月，李定国率大西军由贵入湘，收复湖南大部分州县。⑥ 随后转战广西，7月收复桂林，并逼迫清将孔有德自焚身亡，仅用了十多天的时间，李定国率领的大西军就收复了广西全省。⑦ 但是由于遭到孙可望的猜忌与逼迫，李定国之后的战事不利，广西全境得而复失，南明政权自此再也未曾进入广西。第三个时期是永历皇帝死后，在台湾的郑成功仍奉永历为正朔，东征

① 钟文典．广西通史：第1卷 ［M］．南宁：广西人民出版社，1999：406

② 钱海岳．南明史·食货 ［M］．北京：中华书局，2006：439.

③ 钟文典．广西通史：第1卷 ［M］．南宁：广西人民出版社，1999：406.

④ 魏源．圣武记·卷一·开国龙兴记五 ［M］．韩锡铎，孙文良，点校．北京：中华书局，1984：48.

⑤ 钟文典，等．桂林通史 ［M］．桂林：广西师范大学出版社，2008：130–131.

⑥ 钟文典，等．桂林通史 ［M］．桂林：广西师范大学出版社，2008：131.

⑦ 钟文典．广西通史：第1卷 ［M］．南宁：广西人民出版社，1999：416.

收复台湾，作为抗清基地，建立明郑王朝，明郑政权继续沿用永历年号，但未再拥立明朝宗室称帝或监国。1683 年清军攻打台湾，延平王郑克塽降清，宁靖王朱术桂自杀，明朔始亡。

二、南明时期的铸币及类型

（一）弘光通宝①的铸造及类型

崇祯十七年（1644），福王朱由崧四月在南京登基之后，于同年"十月乙卯朔，南京宝源局、各布政司宝泉局铸'弘光通宝'，背右'贰'字、背'星'上隶书、背'凤'字三式钱"②。次年 5 月，清军攻破南京，弘光政权覆灭。因此，弘光通宝前后仅铸了七个月。弘光通宝虽然铸造时间较短，但因弘光政权控制的地域相对广阔，所以铸造量也相当可观，存世尚多。根据《南明史·食货》中的记载，弘光通宝基本上可分为背星纹、光背、背"凤"的小平钱和背"贰"、光背的折二钱等版式。

1. 背星纹类

背星纹类有三种版式：一是"大弓"版（见图 1 之①），即"弓"和"光"字甚宽。版式变化不大，颇为整齐，存世略少。二是异"光"版，即光字的两点为"八"字状（见图 1 之②）。版式变化也不大，存世不多。三是普通星纹钱，此为弘光钱中铸量最大、存世最多的一种。版式略多，如"弓"的第一笔竖画，就有左斜（见图 1 之③）、直竖（见图 1 之④）、右斜（见图 1 之⑤）之分，宝盖的点有正点、斜点之别，另还有大字、小字、退光等版式。

① "大弓"版　②异"光"版　③普通星纹钱　④普通星纹钱　⑤普通星纹钱

图 1　背星纹类

---

① 本文弘光通宝图片均来自：汪有民. 重新认识南明弘光政权与弘光钱［J］. 江苏钱币，2006（2）：60－61.
② 钱海岳. 南明史·食货［M］. 北京：中华书局，2006：438－439.

2. 光背类

光背类亦有三种版式：一为楷书版，单点"通"，文字刚柔相济、铸工精美，赏心悦目（见图2之①）。版式整齐，大小轻重甚为一致，是弘光小平钱中最为厚重的一种。二为行弓版，这种钱"弘"字行书，铸工精好，铸量仅次于普通星纹版。版式很统一，一般只有大字版（见图2之②）、小字版（见图2之③）和长通版（见图2之④）之分。① 三为凤阳版光背钱，这种钱文字楷中含隶，"通"字升起，风格较特别，传为凤阳所铸，只有小字版（见图2之⑤）、大字版（见图2之⑥）之分。②

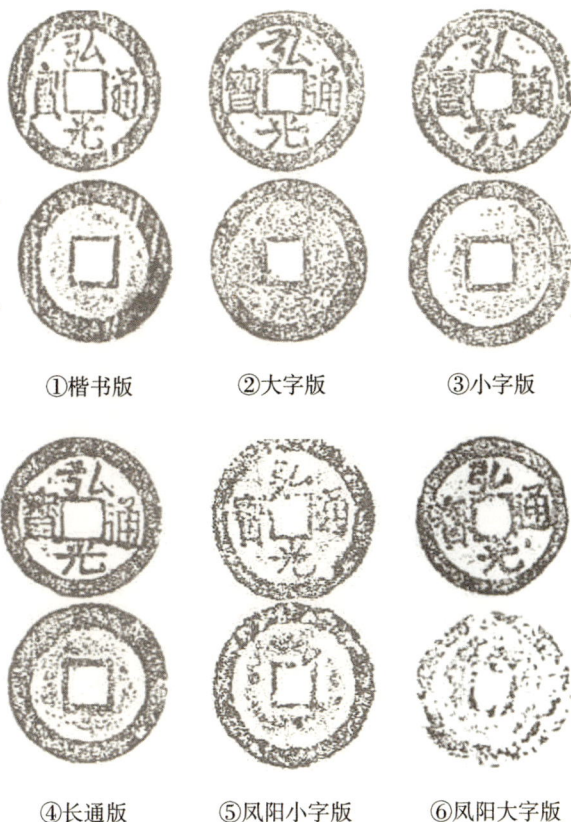

①楷书版　②大字版　③小字版

④长通版　⑤凤阳小字版　⑥凤阳大字版

图2　光背类

3. 背"凤"类

背"凤"类钱只见一种，文字隶书，雄健恢宏，轮廓精整，内廓精细，背添铸一

---

① 汪有民. 重新认识南明弘光政权与弘光钱［J］. 江苏钱币，2006（2）：60–61.
② 汪有民. 重新认识南明弘光政权与弘光钱［J］. 江苏钱币，2006（2）：60–61.

"凤"字，铸工精绝，令人赞叹（见图3）。这种钱版式亦颇一致，一般直径24毫米，重约4.2克，为南明钱之一绝。

图3　背"凤"

4. 折二钱

弘光折二钱，存世极稀，可见并未规模铸造，目前只见背"贰"（见图4之①）和光背（见图4之②）两种。

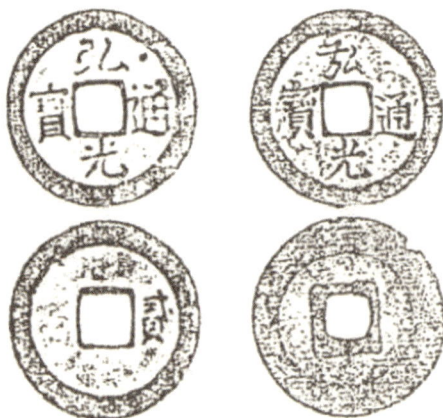

①背"贰"　　　②折二光背

图4　折二钱

（二）隆武通宝的铸造及类型

唐王朱聿键于1645年6月在福州称帝，改元隆武。1646年8月，因郑芝龙降清，朱聿键在汀州被杀，隆武政权灭亡。隆武政权为时一年稍多，隆武通宝实际铸行约为一年，在福建、江西、广西、贵州、云南等地皆有铸造。① 隆武通宝主要有小平钱和折二钱两种，以小平钱为主。

1. 小平钱

小平钱主要有光背、记局、上星三种。光背小平钱直径约 26.5 毫米，重约 4 克。阔缘，生"隆"，生字第一画较长，上点"武"，爪头双点"通"，"贝"的两足分开在"目"的左下角与右下角。另外还有一版断戈，武字的"止"与"戈"分开，钱径较小，为正"隆"，单点"通"。记局主要有背工、背户两种，尚有一种背文为"南"者，铸地不详，十分罕见。② 背工者一般为生"隆"，分足"寶"。背户者一般为正字"隆"，并足"寶"，"通""寶"二字较狭长。

2. 折二钱

折二钱有一种，主要特征为生"隆"，下点"武"，三角"通"。

（三）永历通宝的铸造及类型

永历皇帝于 1647 年在广东肇庆称帝至 1662 年被杀前后共十余年，在与清军的斗争中辗转南方多个省份，在两广、湘、贵、滇等省都有永历钱出土。永历皇帝被称为"走天子"，在其流亡途中，随行随铸，加上当时政治、军事、人事等方面的状况极为复杂多变，③ 各地将领各自为政为筹集军资而铸钱，导致永历通宝的版式、背文等非常复杂，其复杂程度仅次于崇祯纪年的铸币。

根据永历政权的流亡路线、历史文献和各地出土的永历钱，大致可以分为三个板块。第一板块是永历前期，在广西及邻近周边地区铸造的以小平钱为主体的永历通宝。第二板块为永历政权后期，即联合大西军抗清时期，孙可望、李定国在贵州、云南等地铸造的永历通宝折银钱。第三板块是明郑时期，郑成功父子在闽台地区发行的真、行、篆三体永历通宝折二型光背钱。④ 因此，永历通宝大体可分为小平钱、折银钱以及折二钱三种。

1. 小平钱

永历通宝小平钱是永历政权时期铸造数量最多、时间最长、版式最复杂的钱币，

① 胡小虎.隆武通宝收藏与赏析［C］//桂林钱币学会.桂林钱币学会十年文选（二）.南宁：广西民族出版社，2013：129.

② 胡小虎.隆武通宝收藏与赏析［C］//桂林钱币学会.桂林钱币学会十年文选（二）.南宁：广西民族出版社，2013：130.

③ 孟国华.南明时期广西及周边地区铸制的永历通宝钱［C］//桂林钱币学会.桂林钱币学会十年文选（二）.南宁：广西民族出版社，2013：133.

④ 孟国华.南明时期广西及周边地区铸制的永历通宝钱［C］//桂林钱币学会.桂林钱币学会十年文选（二）.南宁：广西民族出版社，2013：133.

极富特色。但是，如果按钱径和重量严格测算，其中也有少量折二钱。这些永历通宝主要有三种：光背钱、背星纹钱和背文钱。[①]

（1）光背钱。

光背钱的版式主要是以"永曆通寶"钱文的写法来分。如按"永"字来分主要有两种：上点"永"和二水"永"；按"寶"字的写法来分有三种：二撇珍"寶"、三撇珍"寶"、王尔"寶"（见图5）。[②]

①上点"永"　　②二水"永"　　③二撇珍"寶"　　④王尔"寶"

图 5　光背钱

（2）背星纹钱。

背星纹钱主要是在穿上、穿下各铭一星，这也是永历通宝的一大特色。双星纹主要有横头"永"和点头"永"两类。横头"永"有角头"通"和方头"通"之别；点头"永"有大小"星"之分。[③]

（3）背文钱。

永历通宝背文钱的品种和版式非常复杂，不同时期、不同地点、由不同的人所铸造。其背文除了"户""工"以外，还有"辅""留""督""粤""明""御""敕""部""道""定""國""府"所谓的十二字背文钱。此外，在桂平还发现一种比较特殊的背文"二厘"的永历通宝。[④]

背"工"字钱是永历皇帝于永历元年（1647）下令在其控制区域的钱监开炉铸造的。[⑤] 其版式按"工"字的位置分，有背上"工"（见图6）、背右"工"（见图7）、背下"工"三种。

---

① 广西钱币学会. 永历通宝钱考 [M]. 南宁：广西人民出版社，2011：43.
② 本文永历通宝钱图片均来自：广西钱币学会. 永历通宝钱考 [M]. 南宁：广西人民出版社，2011：43 – 47.
③ 广西钱币学会. 永历通宝钱考 [M]. 南宁：广西人民出版社，2011：48.
④ 广西钱币学会. 永历通宝钱考 [M]. 南宁：广西人民出版社，2011：51.
⑤ 广西钱币学会. 永历通宝钱考 [M]. 南宁：广西人民出版社，2011：52.

图6 背上"工"　　　　　　　　　图7 背右"工"

背"户"字钱其种类按"户"字可分为点"户"和横"户";按"通"字可分为方头双点"通"和三角头单点"通"。如图7即为点"户"、三角头单点"通"。①

图8 背"户"

背"留"字钱其版式按"留"字大小,可分为稍大和稍小两类;按缘之宽窄可分为"宽缘"和"窄缘";按"通"字可分为角头"通"和凤头"通",如图9为凤头"通"。②

图9 背"留"

背"辅"字钱的最大特点是其厚度和重量都远远超过其他种类的永历通宝小平钱(见图10),最重的9克多,普通的也有7克多,都达到了折二钱的标准。背"辅"字钱按"辅"字的大小,可分为稍大和稍小两类。③

---

① 广西钱币学会. 永历通宝钱考 [M]. 南宁:广西人民出版社,2011:57-62.
② 广西钱币学会. 永历通宝钱考 [M]. 南宁:广西人民出版社,2011:63.
③ 广西钱币学会. 永历通宝钱考 [M]. 南宁:广西人民出版社,2011:68.

图 10 背"辅"

背"督"字钱的质量较差，多有砂眼，但其是永历通宝各种幕文钱中版式最复杂的一种。按钱文"永曆通寶"书法可分为楷体和隶体两大类。楷体又可分成方头"通"和角头"通"两大类，方头"通"较多（见图 11），角头"通"较少。其中角头"通"还可以分成大字版和小字版两种。[①]

图 11 背"督"

永历通宝背"粤"字钱只有一种版式（见图 12），其特点是"寶"字从珍，称为珍"寶"。

图 12 背"粤"

---

① 广西钱币学会. 永历通宝钱考［M］. 南宁：广西人民出版社，2011：72.

永历通宝背"明"字钱，出土量甚大。其版式根据"明"字的写法，分为开口"明"和闭口"明"，其主要差异是"明"字上的"日"是否闭合，图13为闭口"明"。

图13 背"明"

永历通宝背"敕"、背"部"、背"道"大多发现于湖南永州，其中背"部"字钱在湖南永州以南至广西全州都有发现，以全州出土的数量最多。背"敕"、背"部"、背"道"三种钱币的形制、风格、钱文相似，分别如图14、图15、图16所示。

图14 背"敕"　　　　　　　　　图15 背"部"

图16 背"道"

永历通宝背"定"、背"國"字钱都主要出土于广东雷州半岛一带，其书法风格自成一体，与其他永历通宝背文钱均不相同（见图17、图18）。其文字肥硕饱满，钱廓较宽，"通"为双点"通"，有隶书风格①，背"定"字钱分为大"定"和小"定"两种，背"國"字钱分为远足"寶"和近足"寶"。

图 17　背"定"　　　　　　　　　　　图 18　背"國"

永历通宝背"府"字钱，据马定祥先生批注《历代古钱图说》："府字者，仅见两枚。"但是多年来未曾有人见过实物，目前对此钱的真伪还存在疑虑。②

2. 折银钱

永历通宝折银钱主要有"壹分"和"五厘"两种（见图 19、图 20），是永历政权后期在云贵地区铸行和流通的一种钱币，承袭了兴朝通宝钱的传统、形制、工艺等特点。永历通宝背"壹分"钱为黄铜质，直径约 45 毫米，重约 24 克。版别有直之"通"背大字"壹分"和曲之"通"背小字"壹分"两种，前者应为遵义所铸，后者为贵阳铸造。永历通宝背"五厘"与之相似，直径约 35 毫米，重约 10 克，也是在上述两地铸造的。③

图 19　"大壹分"　　　　　　　　　　图 20　"五厘"

永历十年（1656），李定国护驾入滇后，为了满足军需和民生的需要，在昆明地区

①　广西钱币学会. 永历通宝钱考［M］. 南宁：广西人民出版社，2011：89 - 90.
②　广西钱币学会. 永历通宝钱考［M］. 南宁：广西人民出版社，2011：91.
③　广西钱币学会. 永历通宝钱考［M］. 南宁：广西人民出版社，2011：92 - 93.

铸造了大量小型的永历通宝背文"壹分"的折银钱，俗称"小壹分"（见图21）。[1] 其所铸的小型永历通宝钱重量仅10克左右，正面钱文的"曆"有双木一日、双木一目、双禾一日、双禾一目四种写法。背面的"壹"字在穿上也有位置的变化。

图21 "小壹分"

3. 折二钱

永历通宝的折银钱主要有两种，一种是广西桂平出土的二厘钱（见图22），另一种是郑氏铸造流通的折二钱。桂平出土的二厘钱属于折银钱，但是在使用折银钱的云贵地区没有发现，推测它在广西地区流通时应该是被当作折二钱使用，而且其铸造时间是在永历通宝背文"粤"和背文"明"字钱之后。但也有专家认为它们是同时期铸的。[2] 郑氏曾先后三次在日本铸钱，其铸造的永历通宝材质是与宽永通宝相似的水红铜，钱文有行楷（见图23）、楷书（见图24）、篆书（见图25）三种，钱缘较宽，主要为折二型光背钱。

图22 桂平背"二厘"　　　　图23 郑氏行楷永历钱

---

① 钱海岳. 南明史·食货［M］. 北京：中华书局，2006：439.
② 广西钱币学会. 永历通宝钱考［M］. 南宁：广西人民出版社，2011：103.

图 24　郑氏楷书永历钱　　　　　图 25　郑氏篆书永历钱

三、广西发现的南明钱及特点

（一）弘光通宝的发现

《南明史·食货》载："南京建国，所有鼓铸钱炉，浙江二十一座，江西一百五十座，广西十五座半，广东十九座半，云南十八座，一如承平之旧。"广西作为南明弘光政权的一个行省，省内也有铸造弘光通宝。近几年来，在桂林郊区和桂平城区的钱监遗址均有出土，在桂林常批量出土，而且数额较大。[①] 此外，1987 年 9 月，桂平镇城东街 550 号何姓居民挖房基时，在距地表约 0.5 米处挖出一批铜钱，其中有"弘光通宝"光背小平钱 21 枚。[②] 目前，广西出土的弘光通宝仅见一式（见图 26），钱文楷书，单点"通"，宽缘，光背，背上穿一星。直径 26.1 毫米，孔径 4.5 毫米，厚 1.0 毫米，重 3.5 克。

广西出土的弘光通宝古朴厚重，品相佳美，铸工精整，版式较为一致。结合《南明史·食货》的记载，"南京建国，所有鼓铸钱炉，浙江二十一座，江西一百五十座，广西十五座半，……"此种钱应该是广西本地的钱监所铸。弘光通宝的这种特点也是弘光时期广西相对稳定、经济平稳发展的体现。

图 26　广西出土的弘光通宝

---

① 广西钱币学会. 广西历史货币 [M]. 南宁：广西人民出版社，1998：95.
② 陈小波. 钱币学与考古学的关系——以广西出土的钱币为例 [J]. 区域金融研究，2018（4）：88.

（二）隆武通宝的发现

广西隆武通宝主要出土于桂林、桂平。1987 年 9 月，桂平镇城东街 550 号何姓居民挖房基时，在距地表约 0.5 米处挖出一批铜钱，其中有"隆武通宝"光背小平钱 33 枚。[①] 在广西发现的隆武通宝也仅见一式（见图 27），为光背中的第二种，钱文楷书，单点"通"，宽缘，光背。直径 24.0 毫米、孔径 4.5 毫米、厚 1.0 毫米，重 3.0 克。[②]广西出土的隆武通宝与弘光通宝相比，风格大体相近，但是稍显轻小，略逊精美，应是本地钱监延续弘光通宝铸造的，说明当时政治局势动荡，广西的经济发展也开始受到战争的影响。

图 27 广西出土的隆武通宝

（三）永历通宝的发现

广西是永历政权抗击清军的主要战场，在永历十年（1656）之前，都有各路南明军队的斗争。瞿式耜留守桂林期间，在永历二年（1648）取得第三次桂林保卫战的胜利之后，桂林甚至一度成为抗清的中心。永历政权在桂林抗清的十年间，为筹集军资，上至永历朝廷，下到各地将领都曾大量铸造永历通宝。目前，广西境内发现的永历通宝主要分布在桂林、桂平、全州等地，共有背"辅"、背"留"、背"粤"、背"明"、背"二厘"、光背三角单点"通"、光背双点"通"、背"工"、背"户"、背"督"十种，如表 1 所示。

---

① 陈小波. 钱币学与考古学的关系——以广西出土的钱币为例 [J]. 区域金融研究，2018（4）：88.
② 广西钱币学会. 广西历史货币 [M]. 南宁：广西人民出版社，1998：95.

表1 广西出土的永历通宝

钱名	出土地点	铸造流通时间
永历通宝背"辅"字	广西桂林	永历元年至永历四年（1647—1650）
永历通宝背"留"字	广西桂林	永历元年至永历四年（1647—1650）
永历通宝背"粤"字	广西桂平	永历元年至永历四年（1647—1650）
永历通宝背"明"字	广西桂平	永历元年至永历四年（1647—1650）
永历通宝背"二厘"字	广西桂平	永历三年至永历四年（1649—1650）
永历通宝光背三角单点"通"	广东、广西、湖南、云南等地区	永历元年至永历十五年（1647—1661）
永历通宝光背双点"通"	广东、广西、湖南、云南等地区	永历元年至永历十五年（1647—1661）
永历通宝背"工"字	广西、湖南等地区	永历元年至永历十五年（1647—1661）
永历通宝背"户"字	广西、湖南等地区	永历元年至永历十五年（1647—1661）
永历通宝背"督"字	湖南东安、广西全州等	永历元年至永历四年（1647—1650）

1. 桂林及周边出土的永历通宝

永历皇帝在肇庆称帝后，其控制区最早铸造的是光背及背文"工""户"的永历通宝小平钱。这三种小平钱在桂林、桂平等地都有发现。其中桂林出土了一种背右"工"的永历通宝小平钱，其他地方未曾发现，其钱文风格和制作特点都与桂林出土的永历通宝背文上"工"字钱和光背钱相同，只是形制略小，应该是桂林地区铸造的一种较为特殊的小平钱。[①]

桂林出土的光背及背文"工""户"的永历通宝小平钱，其正背面都有锉痕。[②] 永历通宝背"留"、背"辅"字钱全部出土于广西桂林，其他地区未见，这两种背文钱的加工方法与桂林铸造的背"工""户"字永历通宝小平钱极为相似，钱面也有明显

① 广西钱币学会．永历通宝钱考［M］．南宁：广西人民出版社，2011：52.
② 广西钱币学会．永历通宝钱考［M］．南宁：广西人民出版社，2011：20.

的锉痕，① 应是瞿式耜留守桂林期间所铸。永历元年（1647），李成栋进逼桂林，永历皇帝出走全州，瞿式耜自请留守。永历帝加封他为太子太傅兼吏部、兵部尚书，留镇西土，"兵马钱粮，悉听调度"② 瞿式耜统帅明军获得了三次桂林保卫战的胜利，"桂林地袒赋薄，粮饷不给，式耜措给诸军"，为筹措军资瞿式耜利用桂林钱监的设备大量鼓铸永历通宝背"留"、背"辅"字钱。这些钱投放市场后，既便利了民用，又满足了军需，为桂林抗清的胜利提供了物质基础，功不可没。

20 世纪 80 年代以来，在广西全州一带多次出土成批的永历通宝背"督"字钱。这些背"督"字的永历通宝版式极为复杂。③ 据《三湘从事录》记载："六月既望，督师率滇镇同至白牙桥驻扎。时兵饷久匮，总督仰屋无措，因面商督师，会题正发户科给事中，经理恢抚兵马钱粮……设法鼓铸，以裕钱源。于石矶站开炉一百二十座，委效劳知县方镇管理；白牙桥开炉二百座，委参将郑宗文管理；小江口开炉一百四十座，户部主事臧煦如专理。"可知在永历元年六月，明军战败，督师何腾蛟率各路明军退到湖南东安县白牙桥驻扎之时，由于兵饷匮乏，总督章旷束手无策。章旷在与督师商讨后，决定将恢复制造钱币之事交给户科蒙正发来办。后于石矶站、白牙桥、小江口大量开炉铸钱。现在，小江口属东安县，白牙桥为东安镇，石矶站现名石期市，距东安县不远，而东安县与全州接壤④。当时东安并无正规钱监，战乱中招民间工匠铸造钱币，其品质低劣，版式众多也就不足为奇了。⑤ 结合背"督"字钱的特点和出土地，可以认为永历通宝背"督"字小平钱，应是此时章旷在东安为发兵饷所铸。

2. 桂平及周围出土的永历通宝

广西桂平境内（古城浔州）出土大量的永历通宝，1987 年桂平镇城东街出土永历钱约 2.5 千克。1995 年，石咀镇一农民在建房时挖到一个陶瓮，内装永历钱 2 000 余枚，除 20 余枚光背外全是背"明"字钱。1996 年，贵港市发现一批永历钱，据钱主称是桂平石咀镇某村村民在建新房时挖到的。该批钱也是 2 000 多枚，除数十枚光背外其余皆是背"明"字钱。1996 年，桂平金田镇六宝村出土永历钱约 45 千克，其中背"户" 10 余枚，光背 100 余枚，其余皆是背"明"字钱。1997 年，蒙圩某砖厂工人取泥时挖出一批永历钱，除十多枚光背外，余均为背"二厘"字钱，有近 1 000 枚。1998

① 广西钱币学会. 永历通宝钱考 [M]. 南宁：广西人民出版社，2011：20.
② 瞿式耜. 瞿式耜集·卷一·留守需人疏 [M]. 上海：上海古籍出版社，1981：54.
③ 孟国华. 南明时期广西及周边地区铸制的永历通宝钱 [C] //桂林钱币学会. 桂林钱币学会十年文选（二）. 南宁：广西民族出版社：2013：135.
④ 广西钱币学会. 永历通宝钱考 [M]. 南宁：广西人民出版社，2011：26.
⑤ 孟国华. 南明时期广西及周边地区铸制的永历通宝钱 [C] //桂林钱币学会. 桂林钱币学会十年文选（二）. 南宁：广西民族出版社，2013：135.

年底至 1999 年初，桂平郁、黔二江处于严重枯水期，桂平镇每天有不少群众在旧码头延伸至江底一带范围捡到不少古钱，这些古钱从五铢到民国铜元都有，桂平的钱币爱好者从中买了不少永历钱，以光背居多。1999 年元月，桂平中学有两个学生在北江港务所对面河岸石缝里捡到永历通宝背"二厘"字钱共 100 多枚。[①]

广西桂平出土的永历钱主要有光背、背"二厘"、背"明"、背"粤"、背"户"五种，以背"明"、背"粤"、背"二厘"三者为多。在桂平 1987 年出土的永历钱中，以背"明"和背"粤"最多，并且大部分铜钱留有浇铸口，也有铸坏的废钱，说明这些钱币是桂平的浔州钱监所铸。永历元年（1647）三月，陈邦傅出兵破贵县据浔州。九月迎永历皇帝至肇庆，敕陈邦傅居守广西，[②] 陈邦傅自称粤西"世守"。永历三年（1649）七月，高必正、陈邦傅矛盾激化后，浔州被高必正控制，直到永历四年十二月浔州被清兵占领。[③] 桂平出土的背"粤"钱，"永"为常式永，双点"通"，珍"寶"。"粤"字在当时应指广西，"广"字指广东。首先，永历元年至三年，陈邦傅一直在桂平驻扎，且自称粤西世守，故此钱应是陈邦傅在桂平铸造，"粤"字即表明其世守广西。其次，陈邦傅与留守桂林的瞿式耜素有嫌隙，铸背"粤"钱，以区别瞿式耜在桂林的铸钱。此外，桂平还出土一种光背无文的珍"寶"永历钱，形制风格与背"粤"钱极为相似，因此，这种钱应该同为陈邦傅在桂平所铸。[④]

孙可望于永历三年（1649）四月奉永历为正朔，在云贵地区铸永历通宝背"五厘""壹分"两种折银钱。永历朝廷为联合孙可望出兵，在浔州鼓铸永历通宝背"二厘"折二钱，准备与孙可望所铸的大额折银钱兑换使用。[⑤] 永历三年，高必正已经控制浔州，而且背"二厘"字钱的钱文风格为点横"永"、单点"通"、王尔"寶"，与陈邦傅所铸的背"粤"字钱完全不同，因此，此钱应是高必正在桂平所铸。

永历四年（1650）五月，在联合孙可望失败后，高必正逼走陈邦傅。上书永历皇帝"兵马归兵部，钱粮归户部，诸帅不能便宜行事"，请求永历皇帝御驾亲征。并在浔州鼓铸了代表南明永历政权的背"明"字钱。桂平出土的背"明"字钱与背"二厘"

---

① 贵港钱币学会课题组. 桂平南明钱监及铸币新探［J］. 广西金融研究，1999（S1）：71–72.

② 徐国洪. 桂平出土南明永历钱考述［C］//桂林钱币学会. 桂林钱币学会十年文选（二）. 南宁：广西民族出版社，2013：145.

③ 徐国洪. 桂平出土南明永历钱考述［C］//桂林钱币学会. 桂林钱币学会十年文选（二）. 南宁：广西民族出版社，2013：146.

④ 徐国洪. 桂平出土南明永历钱考述［C］//桂林钱币学会. 桂林钱币学会十年文选（二）. 南宁：广西民族出版社，2013：146.

⑤ 徐国洪. 桂平出土南明永历钱考述［C］//桂林钱币学会. 桂林钱币学会十年文选（二）. 南宁：广西民族出版社，2013：147.

字钱形制风格雷同，应是高必正于永历四年及之后在桂平所铸。[①]

（四）广西南明钱的特点

广西南明钱在弘光、隆武时期与其他地区差别不大，铸造精美，版式统一，仅见一种光背小平钱。但到了永历时期，与其他地区差距较大，版式、铸造质量等都不尽相同。湖广地区永历通宝主要是永历政权前期所铸，以小平钱为主，夹杂背"二厘"等折二钱；云贵地区永历通宝主要为永历政权后期所铸，基本都是折银钱。此外，在同是小平钱为主、且地理位置相邻的广西与湖南，其所铸的钱也不相同，不仅表现在永历通宝背文不同等，即使相同的背文，其铸造质量、大小、标准等也不尽相同。这种状况充分反映了永历前期，皇帝到处流亡，各地互不统属的政治乱局，以及各自为政的经济状况。

1. 广西的南明铸币的总体趋势是质量由好到劣，版式由简到繁

广西出土的弘光通宝仅有一式，钱文楷书，单点"通"，宽缘，光背，背上穿一星。直径 26.1 毫米，孔径 4.5 毫米，厚 1.0 毫米，重 3.5 克。[②]古朴厚重，品相佳美，铸工精整，版式较为一致。广西发现的隆武通宝也仅有一式，与弘光通宝风格大体相近，但是稍显轻小，略逊精美。等到永历时期，广西发现的永历通宝共有九种，以小平钱为主，也有背"二厘"的折二钱，并且钱文形制、风格等有较大的差异。这从侧面反映了此时混乱的货币制度以及战争严重破坏了广西的经济发展，永历朝廷无法控制局面，各地将领拥兵自重、各自为政。

2. 广西南明时期可能存在多种年号钱并行流通的情况

1987 年 9 月，桂平镇城东街 550 号何姓居民挖房基时，在距地表约 0.5 米处挖出一批铜钱，计有崇祯通宝 53 枚，背"监二"1 枚，弘光通宝光背小平钱 21 枚，隆武通宝光背小平钱 33 枚，永历通宝光背小平钱 81 枚，背"督"、背"户"各 1 枚，背"粤"121 枚，背"明"130 多枚。大部分铜钱留有浇筑口，也有铸坏的废钱。一起出土的还有一段约 10 厘米长、筷子口粗、同一锈色的铜棒，可能是铸钱用的钱树残柄。[③]这批钱币的发现说明了几个问题：首先，这些钱应该是在桂平本地铸造的；其次，这些钱是未来得及流通的，应该是同一批铸造的；最后，这些同时铸造的钱自崇祯至永历都有。此外，1986 年，藤县和平乡平竹村出土一罐明代窖藏铜钱，内有唐代开元通

---

① 徐国洪. 桂平出土南明永历钱考述［C］//桂林钱币学会. 桂林钱币学会十年文选（二）. 南宁：广西民族出版社，2013：147.

② 广西钱币学会. 广西历史货币［M］. 南宁：广西人民出版社，1998：95.

③ 陈小波. 钱币学与考古学的关系——以广西出土的钱币为例［J］. 区域金融研究，2018（4）：88.

宝，两宋各年号钱，元代正隆元宝、至大通宝，明代洪武通宝、永乐通宝等，品相均好。1980 年柳江县三都卫生院出土的一罐明代窖藏古钱，里面也是有唐、五代、两宋、元、明的铜钱①。由此可以推测，当时广西市场上流通的货币可能是混用的。

3. 南明钱有很强的地域性

自弘光政权开始，钱币已经出现地域性的特征。例如，弘光通宝基本为小平钱，可分背星纹、光背和背"凤"三类。其中，光背钱类中的凤阳版光背钱，其钱文楷中含隶，"通"字升起，风格较特别，传为凤阳所铸。② 到永历政权时期，钱币的地域性特征更加明显，云贵地区铸永历通宝折银钱，孙可望在贵州所铸与李定国在昆明所铸背"壹分""五厘"等钱也不尽相同。两广及湖南所铸的永历通宝小平钱更是差别明显，广西有永历通宝背"留"、背"辅"、背"粤"、背"明"等，湖南有背"御"、背"敕"、背"部"、背"道"等，广东有背"定"、背"国"。各地铸的钱除了背文不同，钱币形制等也千差万别。这种币制的混乱是有其独特的政治、经济背景的。永历通宝反映了当时社会真实的经济状况，也反映出了货币铸行者的政治意图。

4. 南明钱的钱文书体较明朝更加多样

明前期至明末，钱文书法多为行楷体。除明太祖即位前铸大中通宝、登基后铸洪武通宝，熹宗时铸天启通宝、补铸光宗泰昌通宝，各有两种钱文外，明代其余各朝铸钱皆为行楷一种钱文。而到南明时期则有所变化，永历通宝钱书体尤其多变，钱文有行楷、行书、篆书等，甚至"寶"字上出现二撇"珍"、三撇"珍"等。③

四、结语

广西地区南明时期自弘光至永历，其铸币质量由好到劣，版式由简到繁，钱文书体更加多样，地域特征明显。南明钱相比明朝更加多彩纷呈，这种情况的出现是由其独特的政治经济背景决定的。

南明弘光政权虽然仅仅维持了一年时间，但是抗清斗争主要是在东南及长江流域，广西基本上未受战火的影响，再加上弘光通宝由中央王朝推行鼓铸且铸造量较大，因此，广西地区的弘光通宝品相精美，丝毫没有乱世特征。

到了隆武时期，由于抗清前线南移至湖广、福建等地，隆武政权已经无法控制各地局势，只在其控制区自行铸币。广西隆武钱形制与弘光钱基本相似，但是稍显轻小，

① 吴小凤. 明清广西货币流通研究 [J]. 中国经济史研究，2006（2）：116.
② 汪有民. 重新认识南明弘光政权与弘光钱 [J]. 江苏钱币，2006（2）：60－61.
③ 广西钱币学会. 永历通宝钱考 [M]. 南宁：广西人民出版社，2011：112.

略逊精美，说明此时的广西经济虽受到战争的波及，但影响不大，铸钱及货币制度仍旧承袭弘光时期。

永历皇帝在广东肇庆登基后次月就逃往广西，广西先后在瞿式耜、李定国等人的主导下与南下的清军展开了拉锯战，对广西的经济造成了巨大破坏。此外，永历皇帝形同傀儡，各地明将拥兵自立、钩心斗角，政治局势相当混乱，再加上主客军在广西及周边地区联合抗清，为筹集军资各自鼓铸永历通宝，导致永历通宝在质量、性质等方面差异极大，显示了较强的地域性。永历通宝的这种多样性和特征，恰恰反映出当时货币制度的混乱与政治局势的动荡。因此，广西发现的南明钱明显地反映了南明朝廷自弘光至永历间，广西地区受战乱影响越来越重，甚至沦为战场，经济状况恶劣。从永历通宝版别复杂、质量不一等特点就可以看出永历时期混乱的经济状况和政治形势。

（本文为广西钱币学会2018—2019年度学术课题"学生研究项目"结项成果）

桂林发现永历通宝背"阁"字钱

周庆忠

（桂林漓江大瀑布饭店）

摘　要：1646 年，明末桂王朱由榔在广东肇庆称帝，建元永历。永历朝铸造永历通宝，永历通宝钱历代泉谱认定已有御、敕、督、部、道、府、留、粤、辅、明、定、国十二字背文钱，此次发现的背"阁"字钱尚属首次。

关键词：桂林；永历通宝；背"阁"

2019 年新年伊始，桂林市发现了一枚永历通宝背"阁"字钱，实物如图 1 所示。该钱为铜质，直径 25.8 毫米，厚 1.7 毫米，重 5.29 克，面文行书对读"永历通宝"四字，背穿上有一"阁"字，钱币整体铸工精细，未见明显加工痕迹，外缘尚留有部分铸造时合范的毛边，内穿虽未经打磨修理尚可看到平整的斜度，地章砂痕细腻，钱文无粘连，文笔犀利，横、竖、点、撇、捺起点收笔仍保留着中国书法的精妙，流畅的行书不同于大多数永历通宝钱文的呆滞而显得鹤立鸡群，看来书写不是出于一般工匠之手。而且如此精美的铸造工艺在本地发现的永历通宝钱类中也不多见，虽经数百年的侵蚀满身田坑锈但仍瑕不掩瑜。

图 1　永历通宝背"阁"字钱

永历通宝钱历代泉谱认定已有"御""敕""督""部""道""府""留""粤""辅""明""定""国"十二字背文钱，除"府"字钱未见实物公开外，其余十一字钱均已多有发现，过去老藏家将十二背字排列为几种不同的所谓敕文钱说仍误传至今。关于永历通宝铸钱的资料因战乱导致留下的记载甚少，唯明代蒙正发等著的《三湘从事录》有一段详细的记载："六月既望，督师率滇镇同至白牙桥驻扎。时兵饷久匮，总督仰屋无措，因面商督师，会题正发户科给事中，经理恢抚兵马钱粮，奉俞旨颁给敕防……发膺兹宠命，日夕惶惶，爰设法鼓铸，以裕钱源。于石矶站开炉一百二十座，委效劳知县方镇管理；白牙桥开炉二百座，委参将郑宗文管理；小江口开炉一百四十座，户部主事臧煦如专理"①。蒙正发当时是湖北总督章旷的属下（章旷隆武二年三月擢升兵部右侍郎，副都御史巡抚湖北，总督恢复军务，永历帝即位加封其为兵部左侍郎，后晋兵部尚书东阁大学士，并赐尚方剑便宜行事）。永历元年正月明军在湖南战事节节失利，长沙、衡阳、永州相继失守，章旷军退到白牙桥境内（今湖南省东安市），为筹措资金到广西全州境内卖粮以供军需，蒙正发户科给事中就是在这样的背景下匆匆主持开炉铸钱的。今湖南东安、石期以及广西全州地区仍能发现很多永历通宝背"督"字钱，"督"字钱铸造加工均较粗糙，与史料记载是战时应急而为的情况相符，背"督"字钱沿袭了崇祯通宝背字指意钱的传统，"督"字指意是总督章旷铸行的钱币。②

永历通宝上承崇祯通宝的传统，按指意钱的沿袭，"督"字指意为总督；"户"字指意为户部；"工"字指意为工部；"留"字指意为留守；"辅"字指意为首辅大臣；"阁"字应是指意当时的内阁辅臣。史料记载明朝内阁初为皇帝咨政机构，随着权力的逐渐增大，后成为明朝行政中枢。内阁辅臣的人数为一人至七人不等，辅臣奉使出外办事，多自称阁部。经网络搜寻永历（朱由榔）时期内阁首辅的名单得知：瞿式耜，永历元年（1647）正月代，二月降；吴炳，永历元年二月进，八月卒；瞿式耜，永历元年八月代，九月降；严起恒，永历元年九月进，永历三年（1649）正月降；黄士俊，永历三年正月进，四年（1650）正月罢。由此可知永历帝于永历五年（1651）逃往贵州、广西落入清军之手之前，曾在湖广入阁担任过首辅大臣的只有瞿式耜、吴炳和严起恒。桂林发现的永历通宝背"辅"字钱，泉界基本认定是瞿式耜擢升首辅后所铸，先期永历帝敕封瞿式耜留守桂林时，其所铸永历通宝均为背"留"字钱。瞿式耜守桂林四年多，永历通宝背"辅""留"字钱铸造及留存于世的相对较多。

吴炳于万历四十七年（1619）中进士，崇祯年间（1628—1644）担任江西提学副使，永历元年一月，在广东肇庆永历帝授吴炳为兵部右侍郎，从帝至桂林。二月由瞿

---

① 蒙正发，等. 三湘从事录：外二种［M］. 北京：北京古籍出版社，1999：243.
② 关于永历通宝背"督"字钱笔者曾另有《永历通宝督字钱考》一文介绍。

式耜举荐拜为礼部尚书兼东阁大学士，仍兼兵部右侍郎的职务。四月，随同永历帝至湖南武冈，八月清兵到武冈，守将刘承胤降，吴炳便急忙随永历帝奔湖南靖州。当时情势十分危急，永历帝命吴炳护送太子去湖南城步，后为清兵所俘，吴炳被俘后坚贞不屈，永历二年正月连续绝食 7 天而亡。在其跟随永历帝入阁短短的几个月间，没有涉及铸钱之事。①

严起恒，崇祯四年（1631）进士，初授刑部主事，历员外郎，派为广州知府。何腾蛟开府于长沙，军食短缺就创征义饷，起恒力争乃议鼓铸以纾民困。永历帝登基，擢其为户部左侍郎兼工部右侍郎，仍督理钱法军饷。后又晋封其为户部尚书。永历元年八月，拜礼兵二部尚书、东阁大学士，与瞿式耜同辅政。永历帝从桂林逃到柳州、南宁、肇庆，他均随驾从行。

关于严起恒主持铸钱事，王夫之的《永历实录》记载："何腾蛟开督府于长沙，军食不给，创征义饷，不经奏复，以意为轻重，每亩溢额派者五倍以上，犹不足，则预征至两年，赇吏承风追呼，每剧，又开告讦，籍没民财充饷，旦夕倾数十家以为常，起恒力争不胜，乃议鼓铸，以纾民困，会计精密，一钱不入私费。数月，得数百万缗，输腾蛟……"② 当时调任右参议分巡下江防道的严起恒，为了解决何腾蛟大军的粮饷问题而倡议开炉鼓铸。永历帝监国时加封严起恒为户部左侍郎兼工部右侍郎，仍督理钱法军饷，永州大量出土的永历通宝背"工""户"字钱就是佐证。永历元年正月，清李成栋从广州出兵攻肇庆，永历帝即沿桂江逃至桂林，"二月，上至桂林。进何腾蛟太子太保、武英殿大学士、督师如故。遍封楚、粤、黔、蜀诸将为侯伯。……进瞿式耜吏部尚书、文渊阁大学士……晋户部侍郎严起恒为本部尚书"③，此时加封严起恒为户部尚书，仍在永州主持军饷粮草事宜。五月，清李成栋兵至广西平乐，永历帝又逃到湖南武冈。八月，清定南王孔有德破武冈，永历帝经山区小路逃至柳州。十月，清兵又攻占永州并一直打到桂林城下。永州失守，严起恒随军先移驻白牙桥，后退至桂林。十一月，瞿式耜又迎永历帝到桂林，严起恒入直（入阁）当了随从辅臣。严起恒从隆武年间至永历元年永州被清兵攻占前，一直在永州主持铸钱，为督师何腾蛟筹措军饷；其官职从永州守道擢升为户部左侍郎、晋封为户部尚书。严起恒是明崇祯辛未（崇祯四年，1631）进士，作为明朝故旧官吏的他，凡事都以大明祖制为纲，当孙可望据云南自疏求封秦王时，他以祖制无异姓封一字王为由，坚持只封孙可望为二字王，为此事严起恒于永历五年二月被孙可望手下总兵贺九仪杀害于南宁。结合其当时在永州官秩擢升经历及所监铸的钱，可知背文"道"字钱亦如崇祯"兵"字钱一样，继承了指

---

① 钱海岳．南明史：卷五十一［M］．北京：中华书局，2006.

② 王夫之，等．永历实录：外一种［M］．北京：北京古籍出版社，2001：29.

③ 王夫之，等．永历实录：外一种［M］．北京：北京古籍出版社，2001：8.

意钱的传统。"道"字是指意其永州守道之职,是守道监铸的钱。其被擢升为户部左侍郎兼工部右侍郎督理军饷,即将其监铸的钱背文改为"户""工"字,指意户部、工部监铸的钱。其后被永历帝晋封为户部尚书,时在朝者均称其为严户部,其承崇祯钱背有"奉制"等纪事钱的先例,在其监铸的永历钱背面铸上"御""敕""户""部"字(在"户"字的基础上加铸"御""敕""部"三字即成"御敕户部")以纪念永历帝晋封其为户部尚书的恩宠,这是一种带有纪念性质的钱。其在永历年间以守道之职监铸钱的时间最短;以户部、工部侍郎之职监铸钱的时间较长;晋封户部尚书后监铸钱的时间也不长,后永州被清军攻占就再也没有铸钱。所以永历通宝背"道"字钱非常稀少,一枚难求,而背"户""工"字钱则较多,"御""敕""部"字是加铸的纪念性钱币,铸时不长,也相对较少。

永历元年八月永州失守,严起恒随军先移驻白牙桥、后退至桂林,与瞿式耜同辅政。桂林地区可见到一种称宽缘横"户"的永历通宝,厚重精美,直径25.7毫米,厚1.6毫米,从铸造钱文加工工艺上看与永历通宝背"辅"字钱难分伯仲,应是严起恒在桂林与瞿式耜一同辅政时,以户部尚书之职监铸的。由于时间不长,这种宽缘横"户"版永历通宝存世也不多。现桂林又发现永历通宝背"阁"字钱,"阁"字钱的钱径、穿孔、大小厚度都与宽缘横"户"类同,也应是在桂林铸造的,只是将钱外缘调窄使钱文可以更大,文字布局更美。"阁"字指意内阁首辅大臣,原首辅大臣瞿式耜已铸了"辅"字指意首辅的钱,按当时规制就不会再用第二种指意,而当时能达到这个等级的只有严起恒了。史料记载:"发于十一月初三日,赴桂林陛见,适本科员缺,遂掌科事兼管刑科。是时留守首辅瞿式耜兼掌吏部尚书事,内阁严起恒兼掌户部尚书事。"[①] 严起恒在桂林被擢升为内阁首辅后改"户"字为更高级别的"阁"字铸指意钱,他有这个资格也有这个传统,精美的钱文很可能是由他亲书。因其擢升为内阁首辅后不久就随永历帝离开了桂林,铸造的时间很短暂故铸量极少,留存至今的更是凤毛麟角。

原贵阳泉友藏有一枚传世品永历通宝,正面钱文书写与发现的这枚一致,因磨损过大背面钱文已模糊不清,被收入中华书局2012年版的《中国钱币大辞典》("元明篇"图2089)一书时,误标注为"国"字,今发现的这枚"阁"字钱可纠正原书的误标,为研究南明永历通宝钱提供了新的实物资料。

---

① 蒙正发,等. 三湘从事录:外二种 [M]. 北京:北京古籍出版社,1999:258.

桂林版《大公报》中的货币资讯（1941—1944）

黄文波

（广西壮族自治区图书馆）

摘　要：桂林版《大公报》办刊于抗日战争时期的广西桂林，其以丰富的资讯反映了太平洋战争爆发后至豫湘桂战役大溃退这段时间里国内外政治、军事、经济、社会的方方面面。其中金融领域的货币资讯较多，集中反映了国内尤其是广西有关货币发行、流通的历史背景，以及有关伪币、假币的历史事件，这些货币资讯对于抗日战争时期广西金融史和货币史的研究是一种有益的补充。

关键词：桂林版《大公报》；货币；资讯；金融

抗日战争时期，中国历史上最有影响力的报纸之一《大公报》曾于1941年3月至1944年9月迁到大后方桂林办刊，其间曾与撤退到桂林的香港版《大公报》合并办刊，统一改称桂林版《大公报》。当时正值抗日战争相持阶段，桂林版《大公报》在树立民族意识、统一国人意志、进行抗战宣传等方面充分发挥了新闻舆论的重要作用，报道内容涉及国际、国内和广西的政治、军事、经济、社会各方面。通过对桂林版《大公报》的研究分析，发现其对驻地广西的相关报道篇幅明显较多，如桂市点滴、各地鳞爪、本埠要闻、市民来信等，都是有关广西或桂林的资讯，涉及内容亦包罗万象。其中，金融领域的资讯又占据了较多的版面，集中反映了国内和广西有关货币发行、流通的历史背景，以及一些有关伪币、假币的历史事件，为广西金融史和货币史的研究提供了较为充足的资料。通过整合这些货币资讯，由此形成的研究成果将有利于世人了解抗日战争时期广西的金融、货币情况，亦能"知古鉴今，以史资政"，对当代金融起到一定的启示和借鉴作用。

一、有关货币发行的资讯

法币是由国家银行发行，以国家信用为保证，以法律形式赋予强制流通的法定货币。1935 年 11 月 4 日，国民政府颁布法币政策，规定以中央银行、中国银行、交通银行三家银行（1936 年 1 月增加中国农民银行）发行的纸钞券为法定货币，禁止银元、铜元流通。这项举措在当时的中国是一种较为进步的金融制度改革。

1941—1944 年，中国的货币发行机构实现了从多家银行发钞到中央银行独家发钞的转变，辅币则经历了铸造面值不断加大并最终停铸的过程，桂林版《大公报》的资讯对当时的情形都有所反映，主要形式是通告或公告。

（一）纸钞券的发行

1941 年 4 月 11 日，中国农民银行桂林分行在《大公报》上发布通告："本行兹发行第二版五十元券、百元券各一种，五十元券赭色，百元券紫色，与前发各券一律行使，特此通告。桂林分行北门鹦鹉山路五号，桂东路第一五二号。"① （见图 1）

图 1　通告中的中国农民银行法币版别②

① 中国农民银行桂林分行通告［N］．大公报（桂林版），1941 - 04 - 11（1）.
② 本文图片除部分为私人收藏外，均来源于微信公众号"泉钞邮币"。

1942 年 4 月 20 日，中央银行在《大公报》上发布通告："本行兹发行德纳罗公司承印五元及二元钞券两种。五元券正、背面均为灰色，二元券正、背面均为蓝色，正面左首系印有国父遗像，正面右首为国父遗像水印，中间四色混合花纹。该两种钞券与本行前此发行各券均同样行使，特此通告。"[1]（见图 2）

图 2　通告中的中央银行法币版别

1942 年 5 月 4 日，中国农民银行在《大公报》上发布公告："本行兹加发德纳罗公司承印五元券及一元券各一种，五元券正、背面紫蓝色，一元券正、背面灰褐色，纸券中均为总理像水印，与前发各版钞券一律行使，特此公告。"[2]（见图 3）

---

①　中央银行通告［N］．大公报（桂林版），1942 - 04 - 20（1）．
②　中国农民银行公告［N］．大公报（桂林版），1942 - 05 - 04（1）．

图3　公告中的中国农民银行法币版别

1942年5月13日，中国银行总管理处在《大公报》上发布公告："兹本行加发美国钞票公司承印绿色二十五元券一种，正面总理像，背面北平天坛图，与本行前发各版钞票一律行使，特此公告。中华民国三十一年五月。"① （见图4）

图4　公告中的中国银行法币版别

① 中国银行总管理处公告［N］．大公报（桂林版），1942 – 05 – 13（1）．

可见，太平洋战争爆发前后不到一年时间，仅桂林版《大公报》就刊登了数条各家发钞银行的货币发行资讯，那么由此估测其他媒体的相关发行资讯亦不在少数。这些货币发行资讯的密度在当今是不可想象的，反映出当时的货币发行是比较频繁甚至可谓混乱的，深层次反映了金融管理部门的无序性，而金融货币存在着巨大的风险和危机。随着时局的发展，出于金融政策和银行信用的需要，1942 年 7 月 1 日，国民政府颁布货币《统一发行办法》，宣布所有法币的发行统一由中央银行（发钞时间为 1923—1949 年）集中办理。发行权统一后，中央银行将成为银行的银行，负起发行、保管、清算、贴现等国家责任，中国银行（发钞时间为 1912—1942 年）、交通银行（发钞时间为 1909—1942 年）、中国农民银行（发钞时间为 1934—1942 年）将不再行使发钞权。

1942 年 11 月 5 日，中国农民银行总管理处在《大公报》上发布公告："本行前向中国大业公司在香港订印二十元券一种，正面蓝色背面蓝赭色，香港沦陷时该券有一部分不及运出，被敌封存。查此项二十元券本行尚未公告发行。为避免被敌人利用起见，经呈奉财政部令准予以作废，内运部分亦予全数销毁，不再发行，以免混淆，特此公告。又本行历次公告发行各版钞券计有一角、二角、五角、一元、五元、十元、五十元、一百元等多种，并无二十元券，合并声明。"[①] 提醒民众注意该行货币的发行、使用问题。货币发行权统一后，根据规定，中国农民银行将不再具有发钞权，但先前发行的各版别的纸钞券，仍具有市场流通的法定效力。其他银行的情况与此相似。在此后很长一段时间里，中国的金融货币流通市场一直是这种新旧货币混合流通的状况，造成了管理上的诸多不便。

（二）辅币的发行

1942 年 1 月初，由于通货膨胀、物价飞涨，鉴于市面上十分辅币面值过小，财政部中央造币厂桂林分厂停铸十分辅币，开铸"廿分""半圆"辅币。1 月 26 日，《大公报》刊登公告："中央造币厂桂林分厂为应市面金融上之需要，最近新铸'半圆'及'廿分'镍币两种，其'半圆'一种，由中央银行于本月二十六日开始发行，其'廿分'一种，不日亦可发行。"[②]（见图 5）

---

① 中国农民银行总管理处公告［N］. 大公报（桂林版），1942 – 11 – 05（1）.
② 造币厂桂分厂新铸镍币两种半圆一种今日发行［N］. 大公报（桂林版），1942 – 01 – 26（3）.

图 5 公告中的"廿分"镍币（私人收藏）

1942 年 3 月，桂林版《大公报》刊登资讯："币厂铸造半圆及廿分新镍币以来，产量极为丰富，自三月十日起，桂林分厂铸成之新币每日分解四行及邮局即日发行，并与桂、粤、湘三省行及上海商业银行洽妥代为推行，以广流通，而利民用。"①

然而到 1942 年年中，因货币贬值加快，铸币成本增加，再次停铸"廿分"辅币，并且减少"半圆"辅币产量。1943 年起，法币加速贬值，大票出笼，辅币已失去作用，此后，中央造币厂桂林分厂即停造镍币②。

分析上述几则桂林版《大公报》所载货币资讯，大致有一个共同特征：报纸的公告或通告时间往往滞后于这些货币新版本的出笼，说明资讯的速度已经赶不上发钞的速度，当然也与纸币流通中的大小票问题有关。从中也反映了一个历史事实：金融机构和政府选择在报纸刊登法定货币的发行资讯，是在战争相持阶段不得不采用的舆论手段。一方面，由于太平洋战争爆发导致国际海运中断，国内经济恶化，法币发行加速，超发现象严重，这些公（通）告中的货币均为增发，目的是应付日益激化的通货膨胀、物价飞涨、货币短缺等问题；另一方面，金融货币市场上多家发钞银行的钞票混合流通，各家发钞机构必须对货币细节广而告之，目的是维持法定货币的正常官方地位，同时打击伪币和不法货币的渗透。其中不免有一些当局为了维持稳定而自欺欺人的资讯，如《大公报》曾刊登金融维稳文章，宣称"财政负责当局对法币前途甚表乐观，据称，法币并未如一般想象之高额膨胀，迄今仍极稳固，盖发行虽有增加，平准基金更有增加，即美国贷我之平准基金总数，已达二万万金元，法币地位，绝无可虑"③。事实上，在战争的冲击和腐朽的统治下，国内的金融局势每况愈下，即便有外部势力援助也只是杯水车薪。

① 新镍币明起扩大铸发［N］．大公报（桂林版），1942－03－09（3）．
② 广西壮族自治区地方志编纂委员会．广西通志·金融志［M］．南宁：广西人民出版社，1994：20．
③ 法币地位仍极稳固　财政当局对前途甚乐观［N］．大公报（桂林版），1941－05－04（2）．

二、有关货币流通的资讯

1941—1944 年，在广西境内的城市地区流通的金融货币主要是法币、桂钞、关金券和广西金库毫券等，乡镇地区还有铜元、银元、银毫等，五花八门，较为混乱。其中 1941—1942 年仅法币纸钞券就有中国、中央、交通、农民四大银行各自发行的各种版别，混合流通。广西银行虽然于 1937 年 12 月起就不再具有发钞权，但其之前发行的桂钞，仍核定与法币按照二比一的比值在市场流通。其间由于国民政府的财政出现严重危机，1942 年 4 月 1 日，财政部将中央银行库存的关金券提出，以一关金折合二十法币推向市场流通。1942 年，经财政部核准，广西银行将旧有省库券加盖印章，发行 5 元国币券一种，计 231 万元①，以弥补市场小票稀缺的问题。此外，出于特殊背景下的市场需要，广西当局也曾批准一些地方性质的辅币在境内合法流通。

（一）旧币流通问题

1935 年国民政府实行法币政策，统一全国货币发行权。各省先后奉行，唯独广东依然我行我素，大量发行银毫券作为本省"法币"②。由于粤、桂两省的历史渊源，广东省银行银毫券在广西金融市场上备受欢迎，流通无阻。面对这样的现状，与其抑制，不如变通，广西当局最终以地方法令的形式予以承认。1941 年，广西当局在《大公报》上发布公告："省府以粤省毫券经中央规定，每毫券一元，折合国币七角，一律通行使用，而粤、桂关系密切，金融、经济息息相通，尤应普遍通用。省府特于日前令饬各县、市，对此项粤省毫券，仰即按照中央规定，一律折合国币七角行使，不得稍加歧视。"③（见图 6）从历史的视角来看，此举至少有三个方面的考虑：一是便于金融市场管理和疏导，二是有利于解决金融市场小票不足的问题，三是为后来桂省将旧有省库券加盖印章进行流通提供了一个范例。

广西当局发布公告之后，各地被要求严格执行，对于不遵照者予以严惩，随后《大公报》刊登了惩处案例："白石盐场公署总务课课长马乾初因拒收毫券，（四月）二十四日被刘氏饬令扣押，并电盐务管理处严办。同时分饬第八区专署、县府，此后如有同样情形，需从严惩办，如非专署直辖机关，可报告监察使署办理。"④ 由此案例，可见广西当局非常重视并且严肃对待日益激化的金融市场问题。

---

① 广西壮族自治区地方志编纂委员会. 广西通志·金融志［M］. 南宁：广西人民出版社，1994：29.
② 叶伟奇. 特立独行的广东法币［N］. 收藏快报，2017 – 12 – 20（14）.
③ 粤省毫券准在桂境流通［N］. 大公报（桂林版），1941 – 04 – 10（3）.
④ 拒收毫券 课长被扣［N］. 大公报（桂林版），1941 – 05 – 15（4）.

图6　公告中的广东省银行银毫券

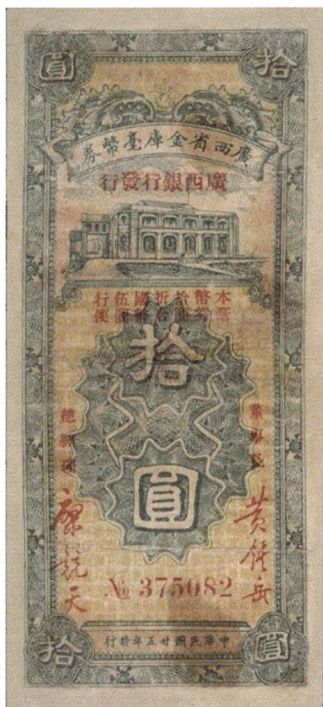

1942 年底，由于市场上出现小票短缺的问题，广西当局于是借鉴广东发行银毫券的做法，将 1931—1936 年与银毫通用的库存广西省金库毫币券进行加盖，充作小额法币流通，公告如下："省政府以本省前发之金库毫券十元券，四十六万二千张，现经电奉财部核准，改印为国币五元券使用，现已改印完竣，交由广西银行发行，为便流通起见，特发布通令，饬各区县市布告民众周知……"① （见图7）由于在一定程度上填补了小额币值的空白，有利于民间交易，很快，广西省库券再一次在金融市场上占有一席之地，并发挥了一定的作用。

在稳定金融的政策方面，广西当局曾议决修正了《安定本省金融办法》，《大公报》报道："桂省府委员会最近议决修正《安定本省金融办法》，共十四条，内规定省内公私款项、债权、债务之交收，及一切交易买卖，统以法币及桂钞为限。如查觉有用银币，或生金、生银者，除将原物没收外，授受两方各处一千元以下之罚锾。商店、住户存有银币及生金者，应付收兑金银机关

图7　公告中的广西省
金库毫币券

按照比价兑换。存有铜元三千枚以上者，应即兑出市面流通，或携赴广西银行分行处，或县金库兑换钞票。满五角之交易，不准使用铜元，限以钞票或新辅币支付。持有外币者，应兑换法币或桂钞使用，并可按照财部所颁

---

① 桂省金库毫券改印国币行使［N］．大公报（桂林版），1942 - 12 - 29（3）．

《外币定期储蓄存款办法》，送交四行存储，不得直接使用。关于按揭、借贷、存放款项，及关于金钱之债券债务，如有在二十九年（1940）二月十七日以前订立契约内声明系白银者，均依照法价大洋一元、毫银一元二角，均之法币一元，或桂钞二元，清算偿还。今后不准再以白银或铜元订立契约。"①但该办法与中央政策多有抵牾，随后于1941年10月又发出公告，废止《安定本省金融办法》，"嗣后本省关于管理金银事件应即依照中央法令，及收兑金银通则办理"②。

在法币流通管理方面，国民政府对于庞大而复杂的货币金融市场显然手足无措，特别是太平洋战争爆发后，国际金融和敌伪区金融对后方金融秩序造成了很大的影响，国民政府的一些法令达到了朝令夕改、难以自圆其说的程度。国民政府自1935年确立法币制度后，便中止了商业银行的发钞权，然而市场上商业银行纸钞券的流通依然呈现正常化和多样性。以农商银行为例，1941年4月，桂林中国银行在《大公报》上发布公告："兹奉敝行总管理处来电转奉财政部令，农商银行以前流通之旧券应即公告持有人限期来行验兑，逾期无效，如系该银行此次在南京设行以后所发新券，应即视同伪钞，不予收兑等。因即希该行旧券持有人限于六月十五日以前来行验兑，逾期作为无效，特此公告。"③（见图8）但到了该年11月，《大公报》在"桂市点滴"又发布了"省府令知农商银行钞票仍准通用"④的信息，这显然是不符合中央政策的，但金融机构和地方当局出于实际需要，仍对其法定地位予以承认。

图8 公告中的农商银行纸币券

---

① 安定金融 桂省府修正办法［N］. 大公报（桂林版），1941 - 04 - 26（3）.
② 李琴. 抗战时期广西与中央金融业的关系［D］. 桂林：广西师范大学，2002：27.
③ 中国银行桂林分行通告［N］. 大公报（桂林版），1941 - 04 - 20（1）.
④ 桂市点滴［N］. 大公报（桂林版），1941 - 11 - 07（3）.

在1942年，《大公报》刊载了一系列当局关于法币流通管理的措施。1942年2月，刊登了鼓励后方的法币进入沦陷区的资讯："财政部对于运送或携带法币，以往会规定限制办法，通行遵办。现为便利法币流通起见，业将以前所颁防止私运暨限制携带钞票各规定停止其效用。并另为如下之规定：嗣后除新印发之钞票，由银行在口岸或在内地运送时，应先向本部请领护照以便查考。至银钱行号政军机关运送法币，或商旅携带法币出口者，一律不加限制，并免于请领护照。"① 4月，刊登了意图阻止沦陷区的法币和伪币进入后方的资讯："行政院通过强迫储蓄办法，金融动态以收紧法币为最高原则，一、禁沦陷区钞券内流，内流兑换，严格限制；二、强迫储蓄，行政院已通过运购物资配销办法，开始实施；三、四行业务，重新划分，工农贷款，均加限制……"② 到了8月，又刊登资讯修正前面的措施："财部以后方与沦陷区间，汇兑难通，身处后方人民，寄款接济家用，至感不便，特于七月二十二日，渝钱币一五四九号代电通知各省，将以前规定以保险信函及挂号信装寄法币出口或寄往沦陷区之禁令，一律取消；携带钞票出国，及运往沦陷区域之限制，亦由部命令取消。"③ 对于各种版本法币混乱的情况，广西当局也转发了财政部通告："香港九龙沦陷时，我中、中、交、农四行在港所存钞券，因战事波及，被散兵游匪窃去一部分，是项钞券虽已签章，惟尚未加印号码，其中并有中国银行之五元券已改为港币一元者，财政部为防止敌人利用该项钞券流入内地，套我外汇计，特下令将该项钞票一律作废，不准通用。本省政府昨已转令所属禁止通用。"④ 从严格到纵容，再从自由到禁止，如此循环往复，正是抗日战争时期国民政府对于法币流通管理低效无能的表现，这些措施均以失败告终。

（二）货币收兑问题

1. 铜元

民国时期，广西城乡普遍使用铜元，1928年全省流通额约为3亿枚⑤。国民政府1933年宣布"废两改元"，1935年推行法币改革，之后铜元流通逐渐变得稀少。1937年抗日战争全面爆发后，铜原料一跃而成为国家重要的战略物资，价格攀高，为防止资敌，南京国民政府财政部遂电令各省提价回收铜元，以作他用⑥。

20世纪40年代后，《大公报》有关铜元的资讯，都与收兑有关，折射了铜价的发展趋势。

① 法币出口不加限制　财部通饬各地遵办［N］. 大公报（桂林版），1942-02-06（2）.
② 沦陷区钞券严禁内流并决定收购沦陷区内物资［N］. 大公报（桂林版），1942-04-12（2）.
③ 后方法币运寄沦陷区　财部取消前颁禁令一律准许自由流通［N］. 大公报（桂林版），1942-08-07（3）.
④ 四行钞券未加印号码者一律不准通用［N］. 大公报（桂林版），1942-04-11（3）.
⑤ 广西壮族自治区地方志编纂委员会. 广西通志·金融志［M］. 南宁：广西人民出版社，1994：20.
⑥ 陈新余. 略议民国时期的铜元流通与治理［J］. 中国钱币，2011（1）：30-37.

首先，由于广西等省铜元收价与铜价的上涨不匹配，中央和地方有关当局进行了干涉，规定了当时的收购价格。1942 年 9 月，《大公报》发布资讯："财政部以取消当十铜元之辅币资格后，所订收购价格较之铜价似嫌过低，最近已饬中央造币厂及中央银行从速调查湘桂两省铜元之时值，呈请酌加。按规定每公吨收价为三千元，外加手续费三百元。"[1]（见图 9）1942 年 12 月，针对旧有契约的比值问题，又规定了铜元折合比率："民间旧以制钱或铜币借贷之债务，于折合法币偿还颇多争议，财部为统一折算标准计，昨特规定旧有各种铜元，不分别其币额，概以百枚折合法币一元，制钱以千枚折合法币一元计算，但此项专作为旧契约内所载铜元或铜钱折合法币之标准。"[2]

图 9　中华民国当十铜元（私人收藏）

其次，借高价收兑铜元以打击走私。至 1943 年，随着铜价的走高，敌伪亦企图抢占资源，破坏国内金融，导致广西边境地区铜元走私活动日益猖獗，广西当局提出了边地、内地差异化的收兑奖惩方案。5 月，《大公报》报道："据此间中央银行消息，铜元收价，近已增价，新定为边地铜元每公吨兑价一万五千元，内地每公吨兑价六千元。由收集地运至收购行处所需运费，悉由收购机关照数发回，各缉私机关缉获铜元，除给回运费外，并将铜元值价全数充赏。桂省方面，收购工作，将由中央银行委托广西银行代收，收得后将交桂林中央造币厂收用。增价之后，桂越边地铜元走私资敌之风，可望大戢。"[3] 6 月，《大公报》又发布严禁私行携带的通告："昨奉财部令，以敌寇最近在接近国界及沦陷区地方高价收买镍币及铜元，统限于六月一日其如有携带上项硬币者，无论多寡，悉以违禁品处理。"[4] 7 月，《大公报》再次报道："军事委员会桂林办公厅、中央银行桂林分行、财政厅、广西银行、广西缉私处、广西绥靖公署及

---

① 铜元收价每公吨三千元 [N]. 大公报（桂林版），1942 - 09 - 05（3）.
② 铜元制钱偿还债务　财部规定折合比率 [N]. 大公报（桂林版），1942 - 12 - 24（3）.
③ 收购铜元近已增价　桂省由广西银行代收 [N]. 大公报（桂林版），1943 - 05 - 13（4）.
④ 镍币铜元严禁私行携带 [N]. 大公报（桂林版），1943 - 06 - 11（3）.

广西军管区司令部等负责人员，前因粤桂边境，铜元走私资敌者太多，特于前日举行会商，决将铜元收兑价格提高，借以杜绝走私之风，计粤桂边区一带收价增为每公吨一万五千元，内地各地收价增为每公吨六千元，并由各银行给予手续费十分之一，如经缉获，并以五成解国库，五成充赏，此项办法，经电呈财政部核准施行，兹悉，财政部已于昨日批准即日开始实行。"① 经过数月的重点治理，地方军警、缉私处、查缉所、检查处及地方官厅通力合作，严格防范、检查和缉获，沉重打击了铜元走私活动。据 1943 年 9 月《大公报》援引龙州归客谈及铜元问题："龙州一带走私风气，现在稍戢，过去铜元偷运出口者，动辄以吨计，水银走私，为数亦多……近来铜元出口者渐形绝迹，水银走私亦已减少。"② 由于铜元从法理上失去了流通货币的职能，最终消失在历史长河里。

2. 港钞

由于广西需要的外国货物和省内销往国外的农矿产品几乎全部通过香港进行交易或转口③，对港币需求很大。太平洋战争爆发后，当局以稳定金融为名，对于流入内地的港钞，进行了较为严格的外汇管制，要求民众限期换成法币，但英方又对兑换额予以限制。1942 年 1 月，《大公报》报道："因关系内迁侨胞利益至钜，经与英政府商定限期代兑港钞办法四项，电由四联总处转饬各分、支处查照办理，办法原文：自由中国境内之香港钞票持有人，得于三十一年一月三十一日以前，特向中央银行、中国银行、交通银行、中国农民银行、邮政储金汇业局、广东省银行、广西省银行、福建省银行请求兑换，月兑换五百元，至兑罄日将收据注销。每港钞一元合英金一先令二便士十六分之十三计算。收兑行、局兑换港钞，得收取百分之二手续费。"④ （见图 10）由于英军失守香港，华侨因战争爆发大量涌入内地，当局和英方出台的方案非常急促，事先没有评估实际情况，并没有收到预期的管制效果。直到 8 月，不得不宣布收兑延期，《大公报》进行了跟踪报道："流入内地之港钞，前经财政部公告，限于本年一月底前，持向指定行局兑换，当因英方所定期限迫促，内迁难胞，未及兑换者，为数尚多，近经当局征得英政府同意，展限至十月底继续收兑。"⑤ 实际上，广西金融市场是受港币汇价左右的，因此无论官方或民间都尽力争取获得更多的港币。在这场港钞收兑的博弈中，以当局失败而告终，民间炒卖港币之风日趋盛行。

---

① 收兑铜元价格提高借以杜绝走私 [N]. 大公报（桂林版），1943 – 07 – 13（3）.
② 龙州一带走私稍戢 铜元出口渐绝迹 [N]. 大公报（桂林版），1943 – 09 – 03（3）.
③ 广西壮族自治区地方志编纂委员会. 广西通志·金融志 [M]. 南宁：广西人民出版社，1994：39.
④ 港币调换国币外币限本月底兑清 八家银行负责收兑 [N]. 大公报（桂林版），1942 – 01 – 22（3）.
⑤ 港钞兑换展期结束兑换办法公布 [N]. 大公报（桂林版），1942 – 08 – 11（2）.

图10 20世纪40年代的港钞

（三）大小票问题

1941年4月开始，广西发生法币大票换取小票要补贴的问题，小票面额身价提高，大票面额无形贬值。广西银行本身亦缺小票，调剂多感困难：只有小票付出，而无小票收入，各种存款、还款、汇兑和公库收入均以大票缴交。该行虽曾向中央银行请换小票，以应调剂，但都得不到满足[①]，因此不得不限制小票的给付。1941年8月，《大公报》"桂市点滴"刊载："广西银行付给钞票，近规定百元以上给大票，如有机关公函者，千元以下可给小票十分之一，千元以上二十分之一。"[②] 在这种情况下，市场上出现了小票危机。据桂林粮食公店负责人称"拟将所有资金悉数购储粮食，公店开业之后，将永不致有周转不灵之怪现象，惟以零票缺少，在外县购米极感困难，而银行又多拒绝调换零票，殊感不便，欲使桂市米源永久保持畅通，有待银行界对于找换零票一事改善办法"[③]，反映了小票不足的历史情形。

另外，中央和广西当局采取了一定措施。1941年8月，《大公报》发布通告："行政督察专员公署，以梧市（梧州）近来一元、五元、十元各种国币钞票短少，找补困难，特召集梧银行界及有关机关会商解决金融问题办法如下：第一，携带十元、五元、一元各种国币向梧州下游或上游出口者，每人不得超过五百元，逾额由执行机关扣留交四行（中、中、交、农）以五十元和百元大票兑换发还，余按向例办理。第二，饬令梧市各找换店一律停止营业。又中、中、交、农联合办事处梧州支处为调节梧市小额券币缺乏起见，特供给十元、五元、一元、一角，券币合计一百万元，由七月二十

---

① 广西壮族自治区地方志编纂委员会. 广西通志·金融志［M］. 南宁：广西人民出版社，1994：34.
② 桂市点滴［N］. 大公报（桂林版），1941-08-13（3）.
③ 桂市粮食公店增加资本共达七十六万将悉数购储粮食［N］. 大公报（桂林版），1941-09-19（3）.

八日起在该处兑换。"① 9月，《大公报》报道："敌伪现在沦陷区以高价收买我一元、五元法币，政府已通令严于防范。又政府当局将允各省地方当局发行一定数额之地方性辅助券，以补助法币流通之不足。"② 同时，广西当局为了维持金融市场的稳定，也发布资讯称："近来桂省各大城市使用钞票，多为五十元、一百元之大票，买卖交易，均感困难，蒙山县参议会为调剂金融、便利市场起见，特具呈请省参议会请求设法补救。省参议会即恣情省府办理，省府咨复如下，查近来辅币缺乏，周转不灵，各地已成普遍现象，五十元以上大票，系四行发行，并非省行所发，业经迭电催促四行总处设法调剂，并饬省行在可能范围内，尽量兑换在案。另据本市银行方面传出消息，日内即有辅币运到本省，预料不久各地将有足量辅票流通市面，稳定金融。"③ 10月，苍梧方面报道："交通银行以梧市现钞缺乏，特将大东书局承印之十元券大批运来，交该行分行发行，以便流通金融。"④

综上，应对大小票问题的措施主要有四：一是中央增发小额钞票，二是阻止敌伪收购小额钞票，三是允许地方银行发行小额钞票，四是发布资讯维持稳定。但是，大小票问题依旧蔓延。1942年4月11日，《大公报》"读者论坛"刊登了广西博白人细尘撰写的文章，提到近来小城市缺乏小票额，找补困难，导致"补水"黑市日益猖獗。各地劝储支团经销的储蓄券，大多为十元券、五元券，而购券者多用一百元、五十元大票额购买储蓄券，他们不但要求找贴，还要兑付小票额，因此产生了纠纷。同是银行发行的法定货币，但大小票额的待遇不尽相同，经销机构也不能很好地解决问题⑤。这正是大小票问题一年以来的写照，在流通市场上，大小票补贴水问题愈演愈烈，最高为中央银行民国二十六年（1937）版的"伍圆"券（见图11），每百元升水40元，同年版的1元券每百元升水20多元，中国、交通、农民等行的钞券则升水10余元⑥。当局注意到了这个问题，5月，财政部严令取缔大小票贴水调换，通令四行发行的大票要按照面额流通使用，并制定制裁措施。在法令的约束下和金融机构的调剂下，大小票问题得到了一定的缓解，《大公报》随之跟进报道："中、中、交、农四行所发行之一百元、五十元钞券，因便于携运，业已畅行。惟以接近战区各地，购买货物，需用

---

① 活跃梧市金融　四行增发小额钞票　行署限制携钞出境［N］. 大公报（桂林版），1941－08－12（4）.
② 外汇管委会昨开首次大会　孔兼委长主席报告三项要政　政府通令严防敌伪收买法币［N］. 大公报（桂林版），1941－09－16（2）.
③ 广西省银行尽量兑换大票　省府咨复参议会　银行即有足量辅券币运到［N］. 大公报（桂林版），1941－09－16（3）.
④ 苍梧流通金融［N］. 大公报（桂林版），1941－10－02（4）.
⑤ 大小票与储券提出一个困难问题［N］. 大公报（桂林版），1942－04－11（3）.
⑥ 广西壮族自治区地方志编纂委员会. 广西通志·金融志［M］. 南宁：广西人民出版社，1994：34.

小券较多，奸商即趁机操纵，以致发生贴水调换情事。财政部前据报告，迭经行文各有关机关严行查禁，并为明示制裁……"①但实际上内地的大小票问题并未得到彻底解决，并为后来敌伪出台金融对策以及国内金融的恶化埋下了伏笔。

图 11　中央银行民国二十六年版"伍圆"券

三、有关伪币、假币的资讯

伪币，即抗日战争时期敌伪政权发行的不被承认的货币；假币，即用仿造的手段制作的假冒货币，在一定程度上，一部分假币也是由敌伪政权仿制的。这二者出现的目的都是攫取财富和资源，都具有破坏正常的经济活动、扰乱正常的金融市场的负面作用。对伪币、假币的打击是抗日战争时期金融战的重要组成部分，1941—1944 年，桂林版《大公报》多次报道有关资讯，反映了一些历史事实。

抗日战争时期，日本帝国主义为了极力摧残中国的金融机构，建立了各种伪银行发行伪钞，计有"满洲中央银行""中央储备银行""中国联合准备银行""冀东银行""蒙疆银行""察南银行""华兴商业银行"等。大量伪币滥发，且没有黄金作为储备，敌伪政府强迫沦陷区民众使用，目的就是套购沦陷区民众的粮食和其他财产。由于国民政府当局在金融战中坚持向沦陷区输出法币，用平准基金维持法币汇价，因此沦陷区的法币获得了较为有利的地位。据《大公报》新闻："沪讯，伪组织强迫人民使用伪币，并规定以法币二元兑伪钞一元，然因伪方一切经费，均赖滥发伪钞，致使通货恶性膨胀，而人民对法币信仰，益趋坚强，竭力搜藏，故伪钞日跌，尤以杭湖一带为最。"② 新闻中把伪钞称为"手纸"，表明了当局对伪钞的鄙视态度。《大公报》刊登的一篇漫谈表明了一般民众对伪币的看法："宁伪组织所发的伪币，也叫'中储券'，沦

---

① 四行大票按照面额通用　财部严令取缔贴水调换情事［N］. 大公报（桂林版），1942 - 05 - 01（2）.
② 孤岛法币坚定　杭嘉湖区敌伪手纸每元仅值法币七角［N］. 大公报（桂林版），1942 - 09 - 19（2）.

陷区一般人民，却都叫它'CRB'，因为根本不把它当作货币，不愿称它什么'钞'或'券'。一百元的伪币，习惯都称'CRB 一零零'……沦陷区的同胞贱视伪钞，比后方还厉害得多……"①（见图 12）伪币主要在东北、华北、江南等沦陷区强迫通行，在一般城镇中，只能用伪币，但其实际购买力比法币低很多，而在乡村中，法币还是被广泛收藏。由于被强迫使用伪币，以及伪币汇价的不稳定性，沦陷区民众从中受到了莫大的伤害。

图 12　汪伪政府发行的"中储券"

在金融战中，国民政府采取的是攻守兼备的原则。在守的方面，1941 年 7 月军委会战地党政委员会印发了《打击奸伪伪钞办法》，对伪币流入国统区予以坚决打击。首先，多渠道增发辅币券，以化解敌伪方用伪币收兑法币的企图。据《大公报》报道："沪中、中、交、农四行为调剂市上一元券及辅币，打击伪方流通伪钞阴谋，决继续发兑辅币券，各业正当需要，得申请调换。"② 广西当局也对外商收购钞票行为进行严厉打击，如《大公报》报道："本省梧州、柳州，及广东曲江、陵水等地，有香港商人暗中收买我中央、中国、交通三银行在七七抗战前所发行之五元、十元，无地方记名之五十、一百不等，以致影响各行钞票或一行之新旧钞票，价格不等。省府以此种黑市行情，不惟扰乱金融，更易影响币值，昨特饬令各地机关，一体严缉。"③ 其次，对出现的伪币和假币广而告之，提醒民众注意防范。如《大公报》报道："中渡县发现五十元伪钞钞票一种，据查系由奸商自柳城县属东泉圩携入行使，企图扰乱金融，该票正面系橙黄色，背面紫蓝色，图版式样与我真钞无异，唯版文比较糊涂，纸质稍滑薄而已。省府得讯后，顷已通饬各市县，严予查禁，并布告民众周知，免受欺骗。"④ 又有："税捐稽收处前发现中国银行五十元伪钞后，经报请省府转送该行鉴别，确系伪钞，盖

---

① 谈伪币：陷区进出记之九［N］. 大公报（桂林版），1943 - 10 - 26（2）.

② 打击伪钞流通阴谋　沪四行发行辅币券准各业申请调换［N］. 大公报（桂林版），1941 - 09 - 02（2）.

③ 桂省严缉收购钞票［N］. 大公报（桂林版），1941 - 07 - 29（3）.

④ 中渡县发现五十元伪钞［N］. 大公报（桂林版），1942 - 08 - 11（3）.

中国银行之三十一年大东版五十元券，其字体花纹及号码等无不极尽精细，伪造者花纹图纹大都粗制滥造，模糊不清。"① （见图 13） 甚至连临时投入流通的关金券也有伪造的，据报道："省府据报鹿寨境内发现有伪造十元关金券一种在市面行使，昨经分布所属严密查缉。"② （见图 14） 最后，大力破获伪钞案件，予以严厉惩处。1943 年 6 月，桂林破获一起交通银行伪钞案，《大公报》对此进行了系列报道。桂林侦缉队抓获伪钞推销从犯两名，而操湖南口音的主犯在逃，共查获伪造的交通银行五十元钞票四十张，票面号码全部一致③，随后移送地方法院审理④。而在重庆，则执行更为严厉的惩处，据《大公报》新闻："卫成总部讯，伪造法币铜版纸何永宽、申德荣、吴绍荣、何光庭四犯，已于六日在渝枪决。"⑤ 造假者被执行枪决，并在媒体予以公告，在社会上的确取得了一定的震慑效果。

在攻的方面，国民政府坚持用外汇基金维持沦陷区的法币在较高的汇价。因此自从金融中心上海沦陷以来，国民政府有力地攻击了敌伪薄弱的金融基础，导致敌伪通过吸收法币套取外汇基金的企图失败，使得法币在沦陷区依旧流通如昔、基础坚固，而敌伪的军用票和伪币显得毫无价值。《大公报》刊载了一系列精彩的金融时评，对于金融战中输出法币、维持汇价的做法各抒己见，其中持肯定立场的有：千家驹的《论法币与平准基金》⑥、刘耀燊的《外汇平准基金运用问题》⑦ 等。

图 13　报道中的中国银行五十元伪造券

---

① 中行五十元券真伪辨别法 ［N］. 大公报（桂林版），1943 – 02 – 03（3）.
② 鹿寨境内发现有伪造十元关金券 ［N］. 大公报（桂林版），1943 – 02 – 12（3）.
③ 交行五十元钞票发现伪造票面号码俱属相同　从犯两名供出真相 ［N］. 大公报（桂林版），1943 – 06 – 13（3）.
④ 行使伪钞案将移送地院法办 ［N］. 大公报（桂林版），1943 – 06 – 16（3）.
⑤ 伪造法币四犯在渝枪决 ［N］. 大公报（桂林版），1944 – 02 – 15（2）.
⑥ 千家驹. 论法币与平准基金 ［N］. 大公报（桂林版），1941 – 07 – 22（3）.
⑦ 刘耀燊. 外汇平准基金运用问题 ［N］. 大公报（桂林版），1941 – 08 – 10（2）.

图 14　报道中的十元伪造关金券

　　另外一个有趣的情况是，伪币中又出现了假币。据《大公报》报道："华北最近发现大量伪'联银券'之伪券，印刷精良，难别其伪，现已普遍在市上流通。"① （见图15）据推测，该批假币系苏联红军或日本浪人仿制，但毫无根据，或为对苏联造谣中伤，因为苏联等大国才具备这种仿制能力，但其出处已成谜。后又有报道称，沦陷区伪币发现假币，"沦区伪币券信用，一落千丈，因发现五元、十元假票两种，印制花纹纸质均极精微，难辨赝真，各商店概不改用，信用几掐，经济恐慌，现准我法币流通市上"②。为了应对假币问题，稳定沦陷区金融，敌伪被迫允许使用法币，这样又进一

① 伪伪币　红军及浪人公开仿制 ［N］. 大公报（桂林版），1943 － 08 － 06 （2）.
② 伪币价跌伪币发现假票 ［N］. 大公报（桂林版），1943 － 10 － 03 （4）.

步导致敌伪财政、经济受到一定程度的影响。国民政府在金融战中又赢一局，但对于假币的来路，并无确凿的出处依据，加上其对国民政府有利无害，最终亦不了了之。

图 15　报道中的伪造"联银券"

四、结语

　　《大公报》是一份影响很大、广受好评的报纸，其资讯相对来说具有真实性、可靠性和客观性，因此能够对相关历史事件起到一定的还原作用。抗日战争期间，在桂林创办的《大公报》几乎每天都会刊登涉及国外、国内尤其是广西的金融或货币资讯，凸显了金融局势和货币动态在国民生活中的重要性。本文从中析出有关货币发行、流通，以及伪币、假币的部分资讯近 50 条，进行归类整理。此外还有许多零散的相关信息，但限于体例和篇幅，无法一一析出，只能略窥一斑。虽然史料信息来源于单一的报刊载体，从方法论上来说存在一些弊端，但通过对这些史料的粗略梳理，能够大致了解 1941—1944 年这一战争时期国内尤其是广西的货币概况。特别是对货币发行、流通、管理等方面的粗略勾勒，一定程度上丰富了抗日战争时期广西金融史和货币史的内容，一定范围内展现了广西社会经济的历史面貌。本文对于货币资讯的扩展，让这一战争时期的广西金融史和货币史在史志书籍中不再是枯燥的寥寥几笔，而是反映出相关历史事件的生动性，呈现出一段有血有肉的艰难岁月。《大公报》中的货币资讯，不仅仅是史料信息在某一种领域内的归类，而且透露出办报人的公共良知和爱国热情。放眼当今，里面的一些资讯内容对当代金融仍具有一定的启示和借鉴作用。

民国时期广西银毫铸造和发行情况初探

任俊涛

（广西师范大学历史文化与旅游学院）

摘　要： 民国时期，广西实行小洋本位，所铸银币皆为小型"毫币"。广西从民国八年（1919）开始自铸银毫到民国十六年（1927）停铸，再加上1949年的短短数月，虽然铸造时间不到十个年头，且铸造品种和数额远不及广东、湖南等地，但是由于局势动荡，政权更迭，广西银毫铸造也"多地开花"，所铸银毫版式复杂繁多竟达二十余种。本文将对其版式、质量、特征等做一简单整理，重点对不同阶段广西银毫的铸造及发行流通情况等整体发展脉络进行论述，以便了解民国时期广西银毫的发展兴衰。

关键词： 民国时期；广西；银毫；铸造；发行流通

一、广西自铸银毫的社会背景

（一）自成一家的小洋本位

宣统二年（1910），清政府公布《币制则例》，规定全国废除银两改用银元，使用大清银币。1914年北洋政府公布《国币条例》及《国币条例实施细则》，随后开始铸造袁世凯头像银元，连同后来国民政府铸造的孙中山头像银元等即俗称的"大洋"作为本位币在全国各省流通。在各省大多实行大洋本位的环境下，两广却与众不同，使用小洋本位。小洋是一角银币和二角银币的统称，是一种银辅币。另有俗称"中元"的五角银币，所见不多。广东和广西地区一般把小洋银币称为"银毫"（也称"毫洋"），一角银币为单毫，二角银币为双毫。小洋本位就是以五枚双毫作值一元的本位制。

两广地区自成一家实行小洋本位是有历史原因的。1866年，英国在香港铸造英国银元，同时还铸造了大量的二角银毫和一角银毫，俗称"鬼头毫"。这些银毫在广东和广西境内广泛流通，使得银毫渐渐成为人民常用的货币。且早在清政府规定大洋本位以前，广东就曾铸造了大量双毫：光绪十六年（1890），清政府首先在广东试铸银币，一共铸造了5角、2角、1角、5分4种，简称"东毫"。其中双毫铸造量最多，渐渐地作为主币在两广流通。此外，小洋本位下大量铸造双毫从经济上考虑比大洋本位铸造银元的成本更低，更有利可图。

总之，因为历史和现实经济等种种原因，广西在 20 世纪 30 年代后期国民政府强行要求广西使用法币代替银毫之前一直使用小洋本位制，在全中国独树一帜。

（二）中途夭折的新式造币厂

光绪二十六年（1900），广东省最先开始铸造铜元。由于铜元是由机器压制而成，花纹清晰、式样精巧，且造型整齐划一，所以在问世之初就深受广大民众欢迎。铜元的顺利流通使得铸造者大获余利，到光绪三十一年（1905）底，全国已经有十七个省二十多个铸造局开铸铜元。

广西自然也不甘人后，广西巡抚李经义在光绪三十一年（1905）奏请清政府在广西设造币厂铸造铜元被批准。然而，由于中国铸造的铜元日益增多，1906 年清政府开始裁并造币厂，广西造币厂在筹备工作尚未完成、未曾开铸的情况下被并入广东造币厂。此后，"清廷规定广东铸造的银币、铜币输送广西，或由广西备料到广东搭铸"[①]。广东造币厂每年从余利中拨出 12 万两津贴银给广西，又拨给广西军饷 29.6 万两。[②] 由于不费辛劳便能坐享其成，此后的广西巡抚便不再办造币厂，只每年购生银向广东造币厂搭铸银毫，以此来赚取一些发行溢利。

（三）三次向广东搭铸银毫

民国建立后，广西在建立造币厂自铸银毫前曾先后三次向广东搭铸银毫。

1. 第一次

时值民国刚刚成立，这时的广西旧桂系政权初立，百废待兴，加上广东不再供给广西津贴银两，广西财政雪上加霜，于是 1912 年陆荣廷请求广东都督胡汉民按照清末广西向广东搭铸银毫的办法来缓解广西财政困难。在得到广东方面的同意后，广西开始向广东造币厂搭铸银毫。首批搭铸银毫 199.3 万枚，面值 39.86 万元。[③]

2. 第二次

到了第二年，陆荣廷再次电告胡汉民请求搭铸银毫，并且希望把搭铸的数额提升到每月 60 万元，之后电报北洋政府时，北洋政府仅批准每月 50 万元，由广东造币厂搭铸，为期一年共 600 万元。

---

① 郑家度. 广西金融史稿［M］. 南宁：广西民族出版社，1984：16.
② 广西钱币学会. 广西历史货币［M］. 南宁：广西人民出版社，1998：41.
③ 广西钱币学会. 广西历史货币［M］. 南宁：广西人民出版社，1998：41.

3. 第三次

最后一次则是在民国四年（1915），广西巡按使张鸣岐致电北洋政府，要求特准广西自备资本，附入广东造币厂搭铸银毫，为期一年，每月 120 万元，同年得到准许。[①]

这三次搭铸用的都是广东的原模并且按照广东规定的成色和重量铸造而成，因此在市场上统一称为"东毫"。由于长期向广东搭铸银毫，造成了广西经济对广东的严重依赖，广东的双毫垄断了广西的市场，控制了广西的经济命脉。再加上陆荣廷在几次搭铸后越觉铸币有利可图，所以对广西自铸银毫的想法越发迫切。

（四）建立造币厂

民国六年（1917），陆荣廷升任两广巡阅使。民国七年（1918），陆荣廷利用权力将广东造币厂的部分机器设备及币模运往广西南宁，并在南宁建立广西铜元局，其所在为原宝桂鼓铸局厂址。民国八年（1919）广西铜元局又从广东购买了机器设备，并改名为广西造币厂，开始铸造一仙铜币和二毫银币。[②] 自此，广西开启了自行铸造机制硬币的新时期。

二、自铸银毫的兴起到结束

广西从民国八年（1919）开始自铸银毫到民国十六年（1927）停铸，期间以双毫为主，还有少量单毫。虽然仅仅铸造了不到十个年头，且铸造品种和数额也远不及广东、湖南等地，但是由于局势动荡，政权更迭，版式竟达二十多种。由于动荡的时局对铸币的影响较大，因此本文将广西自铸银毫的历史按照广西政局的变化大致分为三个阶段：旧桂系铸造阶段、军阀割据阶段及新桂系铸造阶段。

（一）旧桂系铸造阶段

桂系是指在 1911 年辛亥革命之后，先后以广西为统治基地，以广西籍军政人物为主要代表的军政集团。按代表人物来分，可以分为以陆荣廷为代表的"旧桂系"，以及以李宗仁、白崇禧为代表的"新桂系"。1911 年辛亥革命之后，原广西提督陆荣廷，宣布广西独立，投向革命，实际上却逐步排斥同盟会人员而逐渐走向军政集团统治，其势力在史学界通常被称为"旧桂系"。

民国八年（1919），广西造币厂开始铸制双毫。双毫正反两面皆由珠环分隔成内外

---

① 郑家度. 广西近百年货币史［M］. 南宁：广西人民出版社，1981：58.

② 其中一仙铜币只铸了一年，到民国九年（1920）便停铸。

两层。正面内层中心为小珠点，四方散布"贰毫银币"四个字，外层上列"中华民国八年"，下列"广西省造"，左右各一朵四瓣边花。背面的内层为双钩体"20"，外层上列"KWANG SEA PROVINCE"（意为广西省），下列"TWENTY CENTS"（意为 20 分），双毫直径 23.7 毫米，厚 1.48 毫米，重 5.35 克。这一年所产的"贰毫"银币一共有两个版式，上面所介绍的我们称为 I 式（见图 1），另一种我们称为 II 式（见图 2），两种版式区别在于背面"广西"的"西"字的英文拼写不同，I 式是三英文"SEA"版，而 II 式则是二英文"SI"版。II 式直径 23.7 毫米，厚 1.58 毫米，重 5.55 克。① 这两种版式的文字风格，特别是英文，其细微特征方面完全秉承了广东"贰毫"。②

图 1　民国八年"贰毫"银币 I 式③

图 2　民国八年"贰毫"银币 II 式

民国八年（1919）广西造币厂"生产 2 角银毫，每日产量双毫 1 万枚。但因质量

① 广西钱币学会. 广西历史货币［M］. 南宁：广西人民出版社，1998：149.
② 黄国强. 对民国广西机制银币的综合认识［J］. 广西金融研究，2008（S1）：9.
③ 本文所使用图片全部由笔者和阳小军老师拍摄于桂林钱币学会桂林钱币陈列馆.

差，价格比东毫较低，不受商民欢迎，生产逐渐减缩"①。广西造币厂的铸币机器是从广东买回来的旧机器，导致生产出的银毫版面较为模糊，加上造币厂管理不善，所铸银毫成色不足、品质不高，且东毫当时开铸已有近三十年，这期间广西使用的银毫均为东毫，民众已经习惯了使用东毫，突然让他们转而使用西毫有些难以接受，更何况其质量外观还不如东毫，因此并不受商民的欢迎。

在生产少量双毫后，由于生产时断时续，另一方面西毫兑换东毫还要"补水一成以上"且"只能在广西省内流通"②，为求改进，民国九年（1920）蒋志诚等 6 名广西大商人联名建议斥巨资新建，但因其提出的条件未能与政府谈妥而作罢。

民国九年（1920），广西造币厂不仅铸造了双毫，还铸造了单毫。单毫币仅一种版式（见图 3）。正面内层中心为小珠点，四方散布"壹毫银币"四个字，外层上列"中华民国九年"，下列"广西省造"，左右各一朵四瓣边花。背面的内层为双钩体"10"，外层上列"KWANG SI PROVINCE"，下列"TEN CENTS"（意为 10 分），单毫直径17.9 毫米，厚 1.4 毫米，重 2.72 克。

图 3　民国九年"壹毫"银币

双毫仍分为两式，其中Ⅰ式和民国八年Ⅰ式双毫除了纪年改为"中华民国九年"以外，其余特征完全一样；Ⅱ式（见图 4）和民国八年Ⅱ式双毫除了纪年改为"中华民国九年"以外，其余特征也基本相同，仅厚度由 1.58 毫米改为 1.48 毫米，重量由5.55 克改为 5.4 克。③ 1920 年，陆荣廷投靠北洋军阀，积极策划反对广州革命政府，以陆荣廷为首的旧桂系欲消灭孙中山指挥下的处于潮汕的粤军，两广之间形势紧张。同年，第一次粤桂战争（又称"两广战争"）爆发，双方激战至 1921 年 6 月，桂军战

---

① 广西壮族自治区地方志编纂委员会. 广西通志·金融志［M］. 南宁：广西人民出版社，1994：16.
② 郑家度. 广西金融史稿［M］. 南宁：广西民族出版社，1984：162.
③ 广西钱币学会. 广西历史货币［M］. 南宁：广西人民出版社，1998：150.

败，陆荣廷被迫宣布下野。旧桂系势力受到重大打击。1921 年，"第二次粤桂战争"爆发，粤军攻入广西，摧毁了旧桂系的政权。

图 4　民国九年"壹毫"银币Ⅱ式

这里不得不提一下广西民国十年毫币。因为受战争的影响，广西铸造银毫的银源被掐断，大部分学者认为，广西并没有铸民国十年的银毫。但施嘉干在《中国近代铸币汇考》一书中提到他在民国三十六年购得一枚据称是美国费城造币厂所制的广西民国十年合金试版毫币，他在书中猜测或是中国委托该厂代制铸模时所出之样版。① 很多学者对此持反对意见，《广西历史货币》一书中有三点理由反对：第一，广西银毫前后继承性很强，民国八年、九年、十一年、十二年、十三年银毫上的文字风格相同，规范而工整，而所谓民国十年样币文字风格迥异，不伦不类，显然不是广西造币厂造的；第二，样币一出现就会引起重视，来龙去脉一清二楚，但所谓民国十年样币来历不明；第三，广西银毫上的字多年来都是一模一样的，因为该造币厂每年拿上一年的铸币作样币，稍加挖改而制成新的冲压模具，省工又省事，所以所谓民国十年样币显然是臆造的。② 高庆民在《广西银币散记》一文中同样对所谓民国十年样币持怀疑态度，他认为民国初年两广地区跟香港关系密切，当时的铸币机器等都是从香港所购，不可能大费周章委托美国做样币。综上种种原因，广西民国十年没有铸造银毫。③

总的来说，旧桂系时期广西仅在民国八年和民国九年铸制了两个年份的银毫，共有面值十分和二十分两种面额，共计五种银币。由于缺少足够的文献资料，现在我们已经无从得知旧桂系时期广西造币厂铸制的这些银币的准确数额。但从目前它们的存世数量来推测，其总数可能不会太多。因为已知铸额为二十七万枚的民国八年广西一仙铜币存世量要比民国八年和九年的五种广西银币还多，即使有回收重铸等情况存在，

① 施嘉干. 中国近代铸币汇考［M］. 上海：上海书店，1989：115.

② 广西钱币学会. 广西历史货币［M］. 南宁：广西人民出版社，1998：150.

③ 广西钱币学会. 广西钱币学会十年文章选篇（1985—1995）［M］. 南宁：广西美术出版社，1997：190.

这五种广西银币当时的铸制量应该也不会太多。

（二）军阀割据阶段

民国十年（1921），第二次粤桂战争爆发，以陆荣廷为首的旧桂系政权垮台。陆荣廷下野后，孙中山在民国十年七月任命马君武为广西省省长。民国十一年（1922）三月，粤军首领陈炯明将原来入驻广西的粤军纷纷调回广东。一时间，广西各地自治军、豪强蜂拥而起，纷纷占据一方各自为政，将本来就紊乱不堪的金融市场弄得越发复杂。

民国十一年，南宁的广西造币厂开始铸制双毫，版式仅一种（见图5），除了纪年改为"中华民国十一年"以外，其余特征与民国九年银毫Ⅱ式完全一样，上列英文"西"为SI，双毫直径24毫米，厚1.48毫米，重5.35克。① 这一版在马君武离开广西后便停铸了，由于马君武在位时间很短，因此这一版的铸量非常少。

图5　民国十一年"贰毫"银币

民国十二年（1923），沈鸿英在梧州建立造币厂，另外还有一些势力较大的军阀和一些大商人也有铸制银毫。从目前发现来看，该年所铸的银毫共有4种版式：

Ⅰ式除了纪年改为"中华民国十二年"以外，其余特征与民国十一年银毫完全一样，正背面均为四瓣边花。其直径23.88毫米，厚1.52毫米，重5.4克（见图6）。

Ⅱ式基本同Ⅰ式一样，唯一不同的是其双毫背面由原来的四瓣边花变成五瓣边花，其直径23.72毫米，厚1.7毫米，重5.6克（见图7）。

Ⅲ式基本同Ⅰ式，但其正面和背面边花均为五瓣，直径23.86毫米，厚1.7毫米，重5.6克。

Ⅳ式同Ⅰ式基本一样，唯一不同的是其双毫正面由原来的四瓣边花变成五瓣边花，

---

① 广西钱币学会. 广西历史货币 ［M］. 南宁：广西人民出版社，1998：151.

其直径 23.88 毫米，厚 1.52 毫米，重 5.4 克。

图 6 民国十二年"壹毫"银币Ⅰ式

图 7 民国十二年"贰毫"银币Ⅱ式

上述四式中，Ⅰ式承袭了以往南宁造币厂的铸制风格，应该是当时盘踞南宁的蒙仁潜所铸；Ⅱ式可能为沈鸿英在梧州所铸；Ⅲ式大致是黄绍竑夺得梧州后所铸；Ⅳ式大致是大商人们在桂平所铸。① 这四个版式的双毫含银量成色均较东毫稍低，再加上民众一贯喜用东毫，所以这些西毫都需折价使用。

此外《广西通志·金融志》记载："民国十二年（1923），广东军阀陈炯明的下属邓本殷占据粤省钦、廉、高、雷、琼、崖、罗、阳八属地区（其中钦、廉管辖今广西的钦州市、灵山、浦北、防城和北海市、合浦）。9 月，邓本殷在钦州县城和防城竹山村两地成立铸币厂，仿效广东造币厂银毫模型铸造民国七年、八年、九年、十年、十一年、十二年字样的双毫，铸造总额约 300 万元，成色很低，只含银 3 成，称为'八属低毫'，在八属范围内强迫人民使用，遭到拒用。"② 可见，邓本殷等军阀为了敛财而铸造的银毫

① 广西钱币学会. 广西历史货币［M］. 南宁：广西人民出版社，1998：151.
② 广西壮族自治区地方志编纂委员会. 广西通志·金融志［M］. 南宁：广西人民出版社，1994：17.

由于质量较差等原因流通情况并不理想，在市场上多受到商民的排斥。

民国十三年（1924）广西基本上被大势力瓜分，广西省省长张其锽徒有虚名，李宗仁、黄绍竑控制了玉林五属（指玉林、兴业、北流、陆川、博白五地）和梧州，沈鸿英控制平乐、贺县、恭城和蒙山一带，陆荣廷、谭浩明控制着桂林、柳州和右江一带，林俊廷、蒙仁潜占据南宁和左江一带，几大势力彼此争斗互不相让。为了筹措军费增加财源，各路军阀纷纷在自己的控制范围内滥发纸币，滥铸双毫，大肆掠夺民财。因此，该年的双毫版式很多，一般可分为九式：

Ⅰ式形制基本同民国十二年版Ⅰ式双毫，正背面均饰四瓣边花，不同的是纪年改为"中华民国十三年"，当心加铸一"桂"字。该版直径 23.6 毫米，厚 1.6 毫米，重 5.1 克。此版系时任广西省省长的张其锽在南宁广西造币厂所造，含银量仅一千分之五百，并未达到规定标准（见图 8）。[1]

图 8 民国十三年"贰毫"银币Ⅰ式

Ⅱ式基本同Ⅰ式一样，只是银币当心没有"桂"字，正、背面边花均改为五角星。该版直径 23.6 毫米，厚 1.6 毫米，重 5.1 克。此版系以李宗仁为首的新桂系在 1924 年 6 月进驻南宁后在南宁广西造币厂所铸："材料记载，这一年四月，李宗仁、黄绍竑合组的定桂讨贼军攻入南宁，派田忠祥为广西造币厂总办，梁启天为总理，恢复造币，其造币去掉了当心的'桂'字，把他们喜爱的五瓣花发展成五角星，寓以新意。"[2] 此版银毫版面仍然比较模糊，成色也并未提高，还是不太受商民欢迎。

关于Ⅱ式双毫，《广西金融史稿·上》中有不同观点："《关于新出银毫应布告商民知照行用通令》……至从前官办银毫阳面镌有'桂'字，兹已剔除，并将阳面之花瓣改为五瓣，阴面之花瓣仍照四瓣，以示区别。"[3] 笔者并未找到《关于新出银毫应布

---

① 郑家度. 广西金融史稿 [M]. 南宁：广西民族出版社，1984：229.

② 广西钱币学会. 广西历史货币 [M]. 南宁：广西人民出版社，1998：152.

③ 郑家度. 广西金融史稿 [M]. 南宁：广西民族出版社，1984：229.

告商民知照行用通令》一文，所以也无法判断究竟孰是孰非，本文暂且以《广西历史货币》中所分为标准。

Ⅲ式除了将边花五角星改为小五瓣花，当心没有"桂"字外，其余特征和Ⅰ式相同。该版直径 23.7 毫米，厚 1.6 毫米，重 5.5 克。

Ⅳ式正背面均为大五瓣花，其余特征同Ⅲ式。该版直径 23.88 毫米，厚 1.7 毫米，重 5.6 克（见图 9）。

Ⅴ式除了将边花五角星改为太阳花纹，当心没有"桂"字外，其余特征和Ⅰ式相同。该版直径 23.56 毫米，厚 1.5 毫米，重 5.25 克。

Ⅵ式正面为大五瓣花，背面为大四瓣花。该版直径 23.9 毫米，厚 1.6 毫米，重 5.4 克。

Ⅶ式正面为小五瓣花，背面为小四瓣花。该版直径 23.9 毫米，厚 1.7 毫米，重 5.7 克（见图 10）。

图 9　民国十三年"贰毫"银币Ⅳ式

图 10　民国十三年"贰毫"银币Ⅶ式

Ⅷ式正面为大五瓣花，背面为小四瓣花。该版直径 23.9 毫米，厚 1.7 毫米，重 5.5 克。

Ⅸ式正面为小五瓣花，背面为大四瓣花。该版直径 23.82 毫米，厚 1.8 毫米，重 5.5 克。

上述中，Ⅲ式应为黄绍竑在梧州造币厂所造，Ⅴ式至Ⅸ式为桂平或者其他大商人所铸。他们为了抬高所铸银毫的威信，对银毫稍微加重加厚，边花上也略做改动以示区别。①

民国十四年（1925），李宗仁先后打败陆荣廷、沈鸿英，统一广西，由于这期间忙于战争，所以将铸币权承包给大商人。民国十四年的几版银毫成色也不高，甚至有的才千分之三百多。这期间有 3 种版式：

Ⅰ式正面当心圆点上阴文"西"字，正、背面边花小五角星（见图 11）。

Ⅱ式正面当心无点无字，正、背面边花小五角星。

Ⅲ式正面当心有圆点无字，正、背面边花小五角星。

图 11　民国十四年"贰毫"银币Ⅰ式

从民国十一年（1922）到民国十四年（1925）各地军阀割据混战的这段时间里，广西的政治、军事、经济等各方面都处在近代最为混乱的时期，铸币也不能幸免。《广西金融史稿》中的统计表显示：这期间所铸的西毫含银量在千分之五百九十一至千分之三百二十七之间，距离东毫的最高千分之八百二十相差甚远。②虽然这份统计表只是将这期间所铸银毫的大部分进行统计，但从数据上也可见西毫铸造的乱象，加上 1924 年底滇军唐继尧派出的军队攻入广西，带来了一些成色很低的银毫，更是增加了广西金融市场的复杂性，经济贸易严重受损，百姓苦不堪言。

《广西通志·金融志》记载："民国十四年（1925），梧州首先发生拒用劣毫风潮，南宁继起，渐次波及全省……为辨别银毫劣质程度，南宁总商会经化验后认定：民国

---

① 广西钱币学会. 广西历史货币 ［M］. 南宁：广西人民出版社，1998：153.
② 郑家度. 广西金融史稿 ［M］. 南宁：广西民族出版社，1984：231.

十年广东的大圆花凸鸡眼双毫……民国十四年广西矇尖花双毫等6种，成色确低，暂不行使，其余一律通行。但公布以后，仍有挑剔，最好的毫币，亦被拒用。梧州发生银潮后，影响上游货物不敢运梧。"① 由于部分银毫的质量实在不受商民欢迎，从梧州发起的拒用劣质银毫风波逐渐影响到全省，为了平息民愤，政府不得不做出一些妥协，但是效果也不甚显著，经济还是受到了一定程度的影响。

（三）新桂系铸造阶段

民国十四年（1925），以李宗仁为首的新桂系终于统一广西，面对各地发生的民众抵制劣质西毫风潮，新桂系政府深感金融混乱的危害性。为了整顿交易市场秩序、增加财政收入，新桂系政府决定推行梧州回收劣质西毫、重铸西毫的做法，于民国十四年11月在梧州成立广西造币厂，任命田钟祥为厂长，黄岛筠为监督。利用原有基础，增添新式机器，扩大生产规模。

经过两个月的筹备，于民国十五年一月开工，将收回的劣质银毫回炉。造币厂铸出的新西毫，正面铸有嘉禾花纹，俗称嘉禾银毫。每枚2毫，重1钱4分4厘，含银成色规定为六成。

民国十五年（1926）的西毫只有一版：与以往银币不同的是币面的两侧增添了嘉禾图案，正面当心圆点上阴文"西"字，背面为五角星（见图12）。

图12　民国十五年"贰毫"银币

民国十六年（1927）的西毫有两版，区别在于嘉禾的禾脚数量，一种是六根禾脚（见图13），另一种是七根禾脚，其余特征除纪年改为"中华民国十六年"以外基本相同。

---

① 广西壮族自治区地方志编纂委员会. 广西通志·金融志［M］. 南宁：广西人民出版社，1994：18.

图13　民国十六年"贰毫"银币（六根禾脚）

　　民国十六年（1927）底，劣银回收工作已经结束，加之国际市场白银价格回升，材料来源困难，又逢该厂宿舍被焚，十二月十日财政厅遂令停产。造币厂到结束时，共铸造嘉禾银毫3 830万枚，折合766万元。[1] 新铸的嘉禾银毫，含银量在千分之六百零一到千分之六百四十四之间，相比当时的部分东毫质量不相上下。但是习惯使然，东毫数额多流通广，在市场上已占据绝对统治地位，因此嘉禾银毫一经流通，在部分地区就比照东毫九折进行使用，甚至有个别地方拒用。到了1928年，价值只及东毫的七成，"嘉禾毫未能通行于省外，致与广东、云南、贵州毗邻之贺县、宜山、南丹、凤山、西林等县，受外省影响，亦不行使此币"[2]。由于嘉禾银毫不受民众信任，恰逢当时国际白银价格上涨，铸造无利可图甚至亏本，以及其他种种原因，新桂系仅仅铸造了两个年头的嘉禾银毫就此停铸。

　　为谋求币值稳定，安定金融，黄绍竑于1928年向广州政治分局提议统一两广币制，开设造币厂，鼓铸大洋，整顿两广金融。经会议通过，广西当局又与粤方多次磋商，最后决定广西省改用广东通用银毫，并将嘉禾银毫改铸成东毫。1929年6月，时任广西省政府主席的俞作柏委派梁世昌为省财政厅长，将五十万新西毫运往广东改铸成东毫，7月又将回收到的六十四万多枚新西毫运往广东改铸成东毫。到了1929年底，市场上流通的嘉禾银毫已经为数不多了。此后，回收新西毫运往广东改铸成东毫再运回广西使用的工作持续了数年。

（四）象鼻山银币

　　1949年，在解放战争中失利的白崇禧在柳州市设立广西造币厂，委派原柳州兵工厂的科长徐冠池为厂长。同年7月开始试制东毫和西毫，10月初正式投产，月产银毫2万余元。

---

① 广西壮族自治区地方志编纂委员会. 广西通志·金融志［M］. 南宁：广西人民出版社，1994：18.
② 郑家度. 广西金融史稿［M］. 南宁：广西民族出版社，1984：231.

象鼻山银币（见图 14）正面当心有小圆珠，四方散布"贰角银幣"四字，上列文字为"中华民国三十八年"，下列文字为"广西省造"，两边各有一朵四瓣边花，银币背面是象鼻山漓江泛舟风景，周边有 24 朵四瓣桂花映衬，象征新桂系从 1925 年到 1949 年统治广西 24 年，十分漂亮醒目。此币共有两种版式，区别在于背面的漓江泛舟水波，一种为单线粗水波，另一种为双线细水波。

图 14　象鼻山银币

1949 年 11 月 25 日，柳州解放。广西柳州造币厂生产时间仅有短短数月且在此期间以铸造东毫为主，所以铸制出的象鼻山银币数量不多。由于国民党部队从柳州往南撤退，所以少量的象鼻山银币散落在柳州以南的南宁、玉林、钦州一带，而在柳州以北的桂林地区就极难见到象鼻山银币了。

三、广西自铸银毫的特点及意义

纵观民国时期广西自铸银毫的历史，从民国八年（1919）开始自铸银毫到民国十六年（1927）停铸，再加上 1949 年的短短数月，广西自铸银毫既有其不足之处，也有其积极意义，总结起来有以下特点：

（1）实行小洋本位，自成一家。在全国大部分省份都实行大洋本位的大环境下，广西以银毫为主币实行小洋本位。随着铸造的银毫日益增多，银毫的价值不断降低，影响了民众的生活，也减少了财政的收入。特别是在 1927 年广西省政府征税一律征收大洋以后，百姓更是苦不堪言。这种在某种意义上象征着"自治"的特立独行的小洋本位，最终在 1936 年新桂系联合粤系"倒蒋"失败后，被蒋介石南京政府趁机将广西金融体系真正纳入中央金融体系，广西小洋本位体系自此退出历史舞台。

（2）铸造质量较差，不被民众信任。相较于邻省广东所产的东毫，广西铸造的西毫成色不足，质量不高，一直不受商民欢迎。再加上期间军阀混战，一些军阀和不法商人疯狂铸造银毫，只顾敛财而不顾成品质量，以极劣的银毫充斥市场，极大地扰乱了广西金融市场的稳定和经济贸易的秩序，给广大民众的生活更是带来了金融灾难，大大加深了商民对西毫的不信任。

（3）铸造年份短，却又版式繁多。广西从民国八年（1919）开始自铸银毫到民国十六年（1927）停铸，仅仅持续九年。这期间由于政权不稳，军阀、不法商人为了牟取暴利大发战争财，出于私心铸造了大量版式不一、质量参差不齐的银毫，深刻反映了民国早中期广西社会经济、军事和政治上的乱象。

（4）受广东影响较大，对东毫依赖明显。一方面，由于广东是清末最早开铸银毫的省份，加上毫币更有利于在市场上行使和流通，所以广西的经济受广东影响较大；另一方面，广西迟迟没有自行铸币，长期向广东搭铸银毫，导致东毫占据较大的广西市场，广西对东毫依赖明显，即使后来广西自行铸造银毫也没有完全改变这个局面。

（5）广西自铸银毫是广西为追求经济独立、谋求经济发展所做的努力和体现。

（6）从旧桂系到新桂系，撇开军阀混战阶段个别军阀为了敛财而铸造的劣质银毫不谈，广西铸制的银毫不论是质量还是外观，总体上是呈进步趋势的。

（7）尽管自铸银毫的发展过程有一些曲折，但它还是有力地推动了民国广西金融货币的现代化，为民国广西经济的发展做出了重要的贡献。

（8）银毫是广西铸造的各种材质的硬币中铸造时间最长、品种最多的硬币。这些广西自铸的银毫在广西地方金融史上具有不可替代的作用，为研究民国时期广西的金融货币史、经济发展的情况提供了极有价值的实物资料，也在中国近代钱币发展史上写下了重要的一笔。

四、结语

虽然民国时期广西自铸银毫的过程中暴露了一些不足，但与此同时，我们也应该看到广西自铸银毫在历史进程中所表现的积极进步的一面。历史时期的钱币与其所处的时代和其政治经济发展密切相关，若将其割裂开来只研究钱币本身而不去关注其社会背景，那么得到的永远是片面的。

（本文为广西钱币学会2018——2019年度学术课题"学生研究项目"结项成果）

广西钱币学会 2019 年大事回顾

2月至6月，广西钱币学会先后组织北海、钦州、防城港、崇左、贺州、梧州、玉林、河池、百色的钱币学会分批赴昆明、宁波、郑州、乌鲁木齐、兰州、上海、石家庄等地进行考察，交流钱币博物馆和钱币学会工作。

考察组成员与各地钱币工作者交流

3月31日，广西钱币学会举办"古币与'丝路'研究"专题学术讲座，由广西壮族自治区博物馆原馆长黄启善研究员主讲。

黄启善研究员做学术讲座

3月起，广西钱币学会利用每周日上午在钱币博物馆举办钱币交流与鉴赏活动，为钱币爱好者提供个人收藏展示交流、专家咨询、钱币鉴赏服务。

收藏家为社会公众提供咨询服务

钱币交流与鉴赏活动现场

4月18日，中国人民银行广州分行行长白鹤祥一行到广西钱币博物馆考察交流。

白鹤祥行长（左四）与广西钱币博物馆工作人员合影

4月，中国人民银行贵阳中心支行考察组一行到广西钱币博物馆考察装修布展工作。

中国人民银行贵阳中心支行考察组一行与广西钱币博物馆相关人员座谈交流

4月至6月，广西钱币学会联合广西师范大学历史文化与旅游学院、云南钱币学会、东莞市钱币博物馆组织开展"中国—东盟货币文化与交流"有奖征文活动。活动期间共收到来稿40余篇，经专家评审，评出一等奖1名、二等奖2名、三等奖3名、优秀奖6名。

5月12日，广西钱币学会参加"2019年广西社会科学普及活动周"，开展人民币反假、钱币知识普及等宣传活动。开幕式上午，累计发放宣传材料500余份，接受市民现场咨询300余人次。

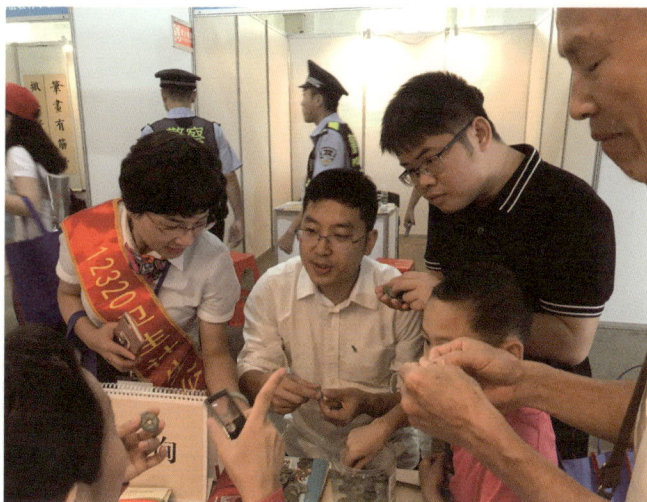

接受市民现场咨询

5月28日至30日，广西钱币学会副会长兼秘书长潘信豪赴内蒙古包头参加2019年中国钱币学会秘书长培训班。

6月5日，河南钱币博物馆一行4人到广西钱币博物馆就数字博物馆建设、运营等相关问题进行交流。

河南钱币博物馆一行4人与广西钱币博物馆相关人员座谈交流

6月29日，广西钱币学会在桂林举行2019年"学生研究项目"中期报告会。中国钱币学会副秘书长杨君博士、广西壮族自治区博物馆原馆长黄启善研究员以及广西师范大学李天雪教授、廖国一教授、袁俊杰副教授担任点评老师，6位"学生研究项目"课题执笔人进行了课题汇报。

"学生研究项目"中期报告会现场

与会人员合影

6 月，广西钱币学会组织会员申报中国钱币学会 2019 年度研究课题 3 项。其中课题《解放战争时期〈申报〉金融社论研究——以货币为中心的历史考察》获中国钱币学会 2019 年度学术课题批准立项。

7 月，广西钱币博物馆协办由中国人民银行总行团委、中国金币总公司、中国印钞造币总公司、中国钱币博物馆主办的"弘扬·传承——2019 钱币文化之旅南宁站活动"。

"弘扬·传承——2019 钱币文化之旅南宁站活动"开幕式

中国钱币博物馆王纪洁主任做钱币知识讲座

7月，广西钱币博物馆与中国工商银行柳州分行携手共建"货币文化科普基地"。

"货币文化科普基地"揭牌仪式

7月7日至9日，广西钱币学会副会长兼秘书长潘信豪赴中山大学参加"丝绸之路钱币的概念与范畴"学术研讨会。

8月8日，广西钱币学会以通讯方式召开第七届常务理事会第六次全体会议，审议增补周俏梅、吴春湄为第七届理事会副秘书长。

8月27日至30日，广西钱币学会邀请越南国家历史博物馆原副馆长阮庭战等越南知名考古、钱币专家一行3人来邕开展交流。中国人民银行南宁中心支行党委书记、行长宋军会见来访的越南专家一行，双方就加强中越货币文化交流，进一步深化合作研究、资源共享等方面交换意见。在邕期间，越南专家一行与南宁部分钱币专家、收藏家就东南亚钱币进行了交流，深入探讨了"车工背"钱币的定义及认定标准等问题。

中国人民银行南宁中心支行党委书记、行长宋军（左五）会见越南专家一行

越南专家一行与南宁部分钱币专家、收藏家交流

9 月，广西钱币学会向团体会员、个人会员征集 2019—2020 年度重点研究课题选题，并发布《广西钱币学会 2019—2020 年度学术研究课题指南》。

9 月至 10 月，为庆祝中华人民共和国成立 70 周年，广西钱币博物馆举办"守护契约，见证辉煌——人民币的过去、现在与未来"专题钱币展，展出土地革命战争时期、抗日战争时期和解放战争时期的红色货币，人民币第一至第五套，人民币国际化进程及其成果，以及广西为推动人民币国际化所做贡献等内容，从人民币视角展示中国的伟大成就。

中国人民银行南宁中心支行副行长杨正东、工委会主任黄育玲参观展览

9月至10月，与中国钱币博物馆共同主办"美丽中国——人民币上的锦绣山河"专题展览。

10月9日，中国钱币学会第八届理事会第四次常务理事会议审议成立"中国钱币学会东南亚货币研究中心"，秘书处设在广西钱币学会。

10月18日，中山大学历史系林英教授一行4人到广西钱币博物馆考察，并与广西钱币学会就学术研究等问题进行了交流，双方对今后的合作特别是共同加强东南亚货币的研究达成共识。

林英教授一行参观广西钱币博物馆

10 月 21 日，甘肃省社科联席皓琳巡视员一行 4 人在广西社科联相关领导陪同下考察广西社科联、广西钱币学会共建科普基地，参观了广西钱币博物馆，并座谈交流。

席皓琳巡视员一行与广西钱币博物馆相关人员座谈交流

10 月 31 日，广西钱币学会在南宁举办"广西象州发现秦半两钱币研讨会"，邀请钱币和考古专家就广西象州发现秦半两钱的研究成果进行研讨。中国人民银行南宁中心支行副行长杨正东出席会议并致辞。中国钱币学会副秘书长杨君副研究员、广西文物保护与考古研究所副所长黄槐武研究员、广西师范大学廖国一教授、南宁孔庙管理所所长李文研究员等专家、学者参加研讨和点评，课题组成员黄启善、廖林灵、廖才兴、韦文俊等做课题汇报。研讨会由广西钱币学会副会长兼秘书长潘信豪主持。课题组通过对合金成分分析研究发现，广西发现的秦半两钱与秦国故都以及其他地区出土的秦半两钱的合金成分完全一致。同时，象州新见半两钱与箭镞都拥有相同的特殊锈蚀层，表明两者至少埋藏在相似的地层环境中。在缺少地层学实证的情况下，箭镞的年代是半两钱年代的有利补充，而象州新发现的箭镞，都具有战国晚期到秦统一这个阶段秦箭镞的形制与加工特征，说明象州谢家村发现的半两钱币无疑是秦国铸造的钱币，上限不早于战国中期，下限不晚于秦大一统时期。因此，可以认为，秦代货币经济、文化已深入到广西象州地区，从而填补了广西以前未发现秦货币的空白。与会专家学者对课题组的工作和研究成果给予了高度评价，认为广西象州发现的秦半两钱是广西出土的最早的金属铸币，由秦军携带而来，是西瓯骆越民族早在秦代即融入统一多民族国家版图的重要物证，其出土地点不排除在秦置桂林郡郡治所在地附近。专家对进一步完善课题提出了宝贵的建议。

"广西象州发现秦半两钱币研讨会"现场

专家组、课题组、广西钱币学会秘书处人员合影

11月5日，广西壮族自治区博物馆原馆长黄启善、广西师范大学历史文化与旅游学院教授陈洪波师生一行8人到广西钱币博物馆考察，并与广西钱币学会就学术研究等问题进行了交流。

黄启善研究员（右四）、陈洪波教授（左五）师生一行与广西钱币博物馆人员合影

11 月 7 日至 8 日，广西钱币学会副会长兼秘书长潘信豪带队参加在苏州召开的"中国钱币学会 2019 年学术年会"。广西共有 7 篇论文入选此次年会交流，廖国一、袁俊杰、周建明、余天佑、张荣军、陈佳男、毛明霞等论文作者随队参加年会。

广西钱币学会代表团合影

左图为廖国一教授做专题主持，右图为袁俊杰副教授做主题发言

11 月，广西钱币学会组织专家对 2018—2019 年重点课题进行结项评审，对 2019—2020 年重点课题进行立项评审，14 个 2018—2019 年重点课题准予结项，19 个 2019—2020 年重点课题准予立项。

12 月 12 日，中国人民银行南宁中心支行行长办公会议审议通过"东南亚货币研究中心"工作规划。

12 月 12 日至 13 日，广西钱币学会副会长兼秘书长、广西钱币博物馆馆长潘信豪参加在宁波举办的 2019 年分支行钱币博物馆业务工作座谈会及中国博协钱币与银行博物馆委员会 2019 年年会暨学术研讨会。

12 月，《广西钱币研究集萃 2019》由暨南大学出版社公开出版发行，结集出版论文 11 篇。

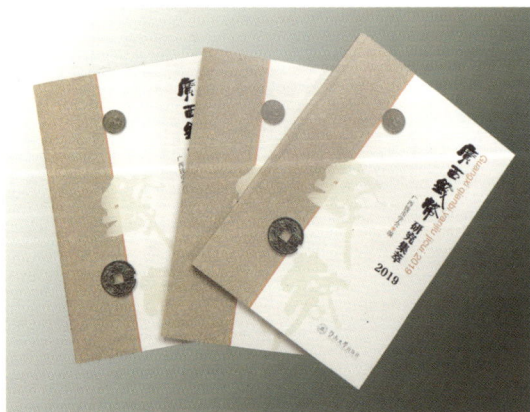

《广西钱币研究集萃 2019》